JN387648

지금,
행복합니다

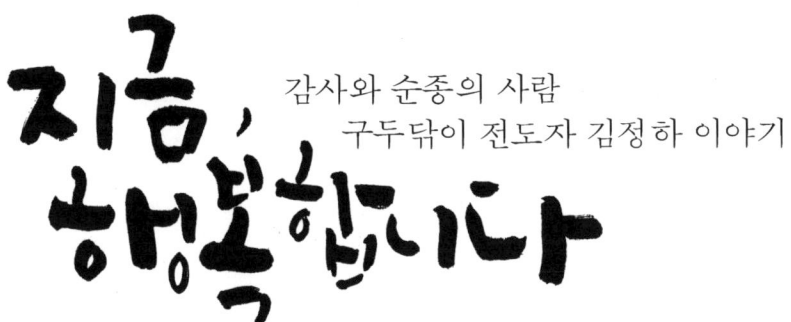

감사와 순종의 사람
구두닦이 전도자 김정하 이야기

지금, 행복합니다

김정하·최미희 지음

청우

| 차 례 |

추천의 글 8

머리말 18

프롤로그 20

제1부 가난한 땅의 노래

남편을 포기하고 27 • 섬김의 비밀 28

시작된 하나님의 계획 31

힘겨운 시간들 틈새로 심어 둔 촉촉한 오아시스 34

무모한 실험 38 • 오두막을 짓다 39

하나님의 가난한 사랑방 41 • '해 뜨는 언덕'에 다다르기까지 44

"주일은 쉽니다" 48 • 아이들에게 생겨난 귀한 믿음 49

가정예배의 추억 51 • 하나님을 배워 가는 소중한 학교 53

아, 산불! 55 • 네모반듯하게 그어 놓은 선 59

산불이 가져다준 네 가지 특별한 이야기 61

관리집사가 되어 66 • 기도하는 그 한 사람으로 70
내가 너에게 지시할 땅으로 가라 72

제2부 너희들의 '친아빠'를 가르쳐 줄게

기도로 낳은 우리 아들, 에릭! 79 • 에릭의 학교, 무탄타라 81
흙으로 지은 에릭의 집으로 82
에릭의 학교로 향하는 아빠의 마음 84
참 고운 우리 딸 '고은' 85 • 부끄러운 부모 89
고은이의 다한증 91 • 가난이 교육의 걸림돌? 93
예기치 못한 기쁨을 선사하는 아들, 동엽이! 94
떼를 쓸 수 있는 하나님이 아니던가 97 • 동엽이의 PMP 99
엄마 마음의 마중물, 천 원 100 • 동엽이의 생일 선물 101
동엽이의 폭풍성장 103

제3부 나눔으로 평화를 가꾸는 샬롬교회

대형면허자격증 107 • 남편의 바르고 예쁜 생각대로 108
1년 만의 기도응답 111 • 병원에서 만난 소중한 사람들 113
가난하나 부요한 교회, 서머나! 116 • 직장을 내려놓고 119
순종하는 교회, 빌라델비아! 121 • 민수 아빠 123
늘 설레는 주일 아침 125 • 신실한 주의 청년들 126

제4부 루게릭병을 넘어

남은 건 하나님밖에 131 • 구두닦이 전도사 133
병이 일한다 141 • 갚을 길 없는 빚을 지고 145
주님의 방식, '흘려보내기' 146 • 봉고차와 짧아진 머리카락 149
지금, 가장 행복합니다 151 • 내게 하나님은 늘 그런 분 152
사랑할 뿐이고 맡길 뿐입니다 156
그이가 아니라 저를 바꿔 주세요 158

광야의 길로 들어섰을 때 159 • 세상에서 가장 평범한 기도 163

내게, 평화가 필요해 166 • 매일 면도하는 여자 168

이유식 먹는 50대 아기 170 • 오두막에서 보낸 1박 2일 171

하나님만 의지하기로 하고선 173 • '출(出)루게릭'을 바라며 176

성실하신 하나님의 신호 178 • 아내와 함께 한 입덧(?) 179

무능력한(?) 당신 181 • 그분이 정해 놓은 '시간' 182

고난주간의 선물 두 가지 184 • '휠체어맨'이 되다 187

목사 가운을 입히며 189 • 함께 있는 것만으로도 행복한데 191

북한 컴패션의 씨앗을 심고 싶습니다 192

하루하루 살아낸다는 것 194 • 노무라 목사님께 기쁨을 드리다 195

"다음엔 운동선수로 써 주세요" 197

에필로그 - 우리들의 감사일기 199

부록 - 우리는 [김정하-최미희]입니다 209

| 추천의 글 |

그들이 말하는 김정하 목사

● 문애란(전 웰콤 대표)

예수를 닮은 목회자를 만나는 일은 쉽지 않다. 처절한 삶의 고통 속에서 빛을 보여 주고 계신 김정하 목사님 이야기. 역경 속에 있는 분에겐 용기를, 죽음과 싸우고 계신 분에겐 삶의 새 소망을, 가난으로 황폐해진 분에겐 나눔의 새 지혜를. 이 책을 수많은 소외된 자들과 함께 나누며 읽고 싶다.

● 차인표(방송인)

만약 외국인이 나에게 "한국에는 자랑스러운 성직자가 누가 있습니까?"라고 묻는다면 나는 서슴지 않고 한국에는 김정하 목사님이 있다고 말하겠습니다.

만약 예수를 모르는 사람이 나에게 "예수님이 가르친 사랑이란 게 대체 무엇입니까?"라고 묻는다면 나는 서슴지 않고 김정하 목사님이 베푸는 사랑이 바로 그 사랑이라고 말하겠습니다.

김정하 목사님. 이분은 말이 아닌 행동으로 그리스도의 사랑을 실천하는 분입니다.

● 최영경(국민일보 기자)

김정하 목사님과의 첫 만남은 2009년 12월이었습니다. 이미 2006년부터 개척교회를 목회하였고, 2009년 1월부터는 구두를 닦고 있었습니다. 한국 컴패션의 후원자로 해외의 가난한 아이들에게 학비와 식비를 보내기 위해 목사님은 구두닦이를 시작하였습니다. 당시 목사님의 이야기는 독자들에게 잔잔한 감동을 불러일으켰습니다. 그러다가 2010년, 이번에는 루게릭병 투병 소식을 접했습니다. 저는 김정하 목사님을 통해 한국 교회의 희망을 봅니다. 가난과 질병이 가져다준 고난에도 불구하고 그는 일사각오의 신앙으로 복음을 전하는 목회자입니다. 김 목사님과 샬롬교회의 승리를 기원합니다.

● 서정인(한국컴패션 대표)

컴패션에서 김정하 목사님은 유명인입니다. 그는 어린이를 후원하기 위해 구두닦이가 되신 분입니다. 또 루게릭병을 얻었으나 육신의 병이 결코 빛나는 영혼을 감출 수 없음을 보여 주셨습니다. 얼마 전 국제 컴패션 컨퍼런스에서 김정하 목사님을 영상으로 소개했습니다. 미국과 호주, 영국을 비롯한 전 세계 컴패션 직원들이 눈물을 흘리며 서로에게 또 자기 자신에게 질문했습니다.

"나의 '구두닦이 통'은 어디에 있는가?"

"당신의 '구두닦이 통'은 어디에 있습니까?"

가장 작은 것으로 하나님께 큰 기쁨을 드릴 그것, 그것이 바로 '구두닦이 통'이었습니다. 그것이 지금 우리에게 있는지 질문하면서 우리는 조용히 하나님 앞에 나아갈 수 있었습니다.

지금 루게릭병을 앓는 김정하 목사님은 말조차 보통 사람들이 잘 알아들을 수 없을 정도로 어눌해졌습니다. 그런데 누구도 쉽게 알아들을 수 없는 목사님의 말을 사모님은 신기하게도 척척 알아맞힙니다. 그런 사모님을 통해 목사님의 이야기를 들을 수 있어서 감사합니다. 오랫동안 시간을 보낸 아내라 하여 누구나 다 그렇게 남편의 마음 깊은 곳까지 들여다볼 수는 없습니다.

사모님은 우리에게 김정하 목사님의 진실과 그분이 가진 사랑을 담담하게 전해 줍니다. 이야기를 듣다 보면 어느새 마음 깊은 곳에서부터 잔잔한 감동이 흘러 넘칩니다. 감당할 수 없는 감사와 기쁨, 축복, 은혜가 넘칩니다. 이런 감동이야말로 저를 비롯해 컴패션의 많은 사람들과 더 나아가 오늘을 살아가는 우리 모두가 그리스도 예수께로 더욱 가까이 나아가도록 도울 수 있습니다. 왜냐하면 김정하 목사님 이야기는 저 외진 곳, 세상의 화려하고 큰 무대와는 멀리 떨어진 곳에서 펼쳐지는 작은 예수의 이야기이기 때문입니다.

• 문호주(분당차병원 원목)

김 목사님을 만난 건 3년 전쯤이었습니다. 그때 목사님은 병원에 찾아와서 한 성도를 위해 도움을 요청했습니다. 예수님의 사랑을 품으신 분이다, 그렇게 느꼈습니다. 루게릭이라는 불치병을 진단 받은 뒤에도 그는 예수님의 사랑을 더 열정적으로 담대하게 전하고 선포했습니다. "이런 사람은 세상이 감당하지 못하느니라"(히 11:32)는 말씀이 생각났습니다.

사람이란 심한 병이 들면 의기소침해지고 불평하게 마련입니다. 그러나 김 목사님은 오히려 자신의 불리한 환경을 기회로 삼아, 약한 것을 오히려 자랑했습니다. 약한 그곳에 하나님의 능력이 나타나기 때문이라고 말했습니다. 병을 얻고 감사한 것처럼 가난도 오히려 감사했습니다. 하나님의 부요하심을 체험할 수 있기 때문이라고 했습니다.

그는 짧은 인생을 가치 있게 또 길게 사는 비결을 터득하신 분입니다. 그래서 "병이 일을 한다"고 고백합니다. 길에서 손수레에 폐지를 가득 싣고 끌고 가는 할머니를 보면 불편한 몸인데도 불구하고 할머니의 손수레를 밀어 줍니다. 할머니는 그런 목사님에게 "내 꼭 교회 갈게" 약속합니다. 김 목사님의 병은 그의 말대로 일을 합니다.

어느 날 저는 목사님의 손바닥을 본 적이 있습니다. 여기저기 찢기고 상처가 나 있었습니다. 3층에 위치한 교회로 오르내리느라 이리 걸리고 저리 넘어져서 다친 상처였습니다. 그럼에도 불구하고 아직 걸을 수 있으니 감사할 뿐이라고 고백할 때 저는 눈물을 흘리고 말았습니다. 그 순간 양손에 못이 박히는 고통을 견디며 생명을 구원하신 예수님을 생각했습니다.

이제 이 책을 읽으며 더 깨달은 사실은 목사님의 오늘이 있기까지 뒤에서 말없이 섬기고 기도해 주신 사모님의 희생적인 사랑이 있었다는 것입니다. 자녀들을 잔소리와 지시나 통제로 양육하지 않고, 어려울 때마다 필요할 때마다 기도하며 하나님께 맡기고 하나님의 방법대로 양육한 이야기도 커다란 도전이 되었습니다.

많은 분들이 이 글을 읽으시며 무릎으로 사는 기도의 능력, 예수 이름의 능력을 영적인 눈으로 보고 직접 체험하는 역사가 있기를 바랍니다.

● 이용원(서울장신대학교 교수)

김정하 목사가 우리 학교 학부과정에 편입해 왔을 때는 마흔이 훌쩍 넘은 나이였다. 그만큼 사연도 많았고 기대하는 마음도 컸다. 기회가 있을 때마다 살아온 이야기를 들었다.

신학대학원에 진학해서 공부를 하다가 졸업도 하기 전에 교회를 개척한다고 했고, 또 2010년 10월 어느 날 갑자기 루게릭병 발병 소식을 접했다. 당황스러웠으나 그는 하나님께서 자신을 통해 특별한 일을 이루시고, 그 일로 복음을 크게 전하실 것이라는 확신에 차 있었다. 감사했다. 그렇게 건강한 마음으로 투병하는 것이 감사했다. 불편한 몸인데도 티 내지 않고 꾸준히 전도하고 말씀을 전하는 것을 보면서 멀쩡한 몸으로 살아가는 나 자신이 부끄럽기도 했다. 김 목사의 이야기를 듣다 보면 지금도 하나님께서 살아계셔서 역사하심을 피부로 느낄 수 있다.

우리는 부부를 일컬어 일심동체라고 말하지만 김정하 목사와 최미희 사모 부부만큼 천신만고(千辛萬苦)를 겪으면서도 한결같이 일심동체(一心同體)의 삶을 보여 주는 사람은 흔하지 않다. 어쩌면 이 하나만으로도 많은 부부들과 예비부부들이 이 책을 읽어야 한다고 추천한다.

많은 분들이 이 책을 통해 살아계신 하나님을 믿는 데 도움 받기를 바란다. 또 하나 바람은 김 목사의 병이 수많은 사람들의 기도로 말미암아 치유되는 날, 그 승리의 기록을 모은 제 2권을 볼 수 있기를 바란다.

• 박성주(한국방송통신대학교 중문학과 교수)

1990년대 초 김정하 목사는 방송대 중문과 학생이었고, 우리는 교수와 학생으로 만났다. 그는 내가 섬기던 중국어문선교회에도 큰 관심을 보였고, 나중에는 회원으로 참여하였으며, 늦깎이 신학생으로 공부한 뒤 목회자가 되었다. 그의 목회현장을 찾았을 때 그는 기쁨과 열정으로 가득했다. 그 후 김정하 목사가 케냐 페루 볼리비아 등 세계의 가난한 어린이들을 후원하기 위해 스스로 구두닦이가 되었다는 소식을 들었다.

그렇게 하나님께 번제를 드리듯 자신의 몸을 조금도 아끼지 않고 헌신하던 그가 이번에는 루게릭병으로 투병하고 있다고 한다. 이런 상황에서도 그는 평정심을 잃지 않은 채 하나님의 은혜와 승리를 의심하지 않는다. 언젠가 선교회 임원과 병문안을 갔을 때 환하게 반기며 즐거워하는 모습을 보면서 오히려 우리가 위로를 받고 돌아왔다.

우리는 중보기도시간마다 그를 위해 열심히 기도한다. 이번에 책으로 나올 그의 이야기를 읽으면서 그의 지난 삶의 행적들을 더 잘 알게 되었다. 강원도의 산골 오두막에서 기거했던 기간은 그와 가족들을 더욱 정금같이 만든 시간이었다. 또 두 자녀 고은이와 동엽이가 신앙의 뿌리를 내리며 성장해 가고, 돕는 배필 최미희 사모의 빛나는 내조로 온 가족이 서로 사랑하며 하나 되는 모습은 '작은 천국'을 연상케 했다.

최미희 사모는 자신이 가진 것을 자기 자신을 위해 쓰거나 가지고 있기보다 필요한 누군가에게 '흘려보내는 것'이 하나님의 뜻이라고 믿었다. 그리고 "흘려보내기는 주님도 기쁘고, 흘려보내는 우리 또한 보람 있고, 도움을 입게 될 누군가에게도 힘이 된다. 일석삼조, 하지만 그 가운데 있는 우리가 가장 행복한 경험이다."고 고백한다.

우리는 이 책을 통해 김정하 목사 부부의 맑고 순수한 삶을 만날 수 있다. 그리고 이들을 인도하시는 하나님의 섬세하고 자비로우신 손길도 함께 느낄 것이다.

● 문성모(서울장신대학교 총장)

한 인간이 하나님의 쓰임을 받는 과정은 천차만별이지만, 한 가지 공통점이 있다면 고난과 시련의 터널을 반드시 지나야 한다는 것이다. 김정하 목사는 건강의 시련을 겪고, 가난과 싸워야 했으며, 인간적인 배신과 오해의 늪을 지나야 했다.

신앙생활은 간증의 생활이다. 입으로 간증하는 것은 쉬우나 글로 다듬어 책을 낸다는 것은 여간 어려운 작업이 아니다. 이 어려운 작업을 사모와 함께 불편한 몸을 이끌고 기어이 성취하였으니 두 사람의 의지와 노력에 격려의 박수를 보낸다.

김정하 목사의 간증집은 오직 하나님의 영광과 그 은혜를 널리 알리기 위한 책이다. 그의 인생이 바로 하나님의 영광과 은혜를 드러낸다. 많은 이들이 읽고 감동받고 하나님에 대한 믿음이 더욱 뚜렷해지는 기회가 되기를 바란다.

• 방지일(영등포교회 원로목사)

김정하 목사님은 산전수전을 겪고 수많은 수련의 경험을 쌓으면서 주님의 품에 더 깊이 안기우심을 봅니다. 부는 바람이 나무를 더 힘 있게 세워 주는 이치에 해당하지요. 그 수많은 역경이 목사님의 힘을 더 키워 주심을 바라봅니다.

심은 대로 거둔다. 이는 하나님의 창조의 원칙이기도 합니다. "하나님이 말씀하시니 그대로 된지라 하나님이 보시기에 좋았더라." 창세기에 나타난 창조의 원칙입니다. 그러니 심으신 대로 거두실 것입니다. 기쁨으로 단을 거둘 때의 그 만족함이 더 크실 것입니다.

모든 영광은 하나님께 돌려드리심이 또한 옳습니다. 그 많은 연단과 수련이 내 자랑이 되지 않도록 안보를 극히 잘하셔야 합니다. 내 자랑일 때는 하나님의 영광을 횡령하는 일이 되기 쉽습니다. 여기 지극한 안보가 전적으로 필요합니다. 주님이 승천하실 때, 우리의 정욕을 잘 아심으로 보혜사 성령을 보내 주셨습니다. 주님 승천하신 후 주님 재림하실 때까지 복음의 모든 역사는 성령의 지배하에서 이뤄질 것입니다. 그러므로 사람이 죄를 인식하고 속죄의 주를 믿음은 곧 보혜사의 역사이실 뿐입니다. 그동안 전도사님의 전도사역이 성령의 지배를 받아 하신 일임을 볼 수 있어 감사합니다.

그러나 이 또한 끝까지 잘 지켜야 합니다. 주님 오시는 그날까지 이 보안을 잘 지키시어 주님 앞에 의의 면류관을 쓰시기를 기도합니다. 제사장의 역사를 더 힘 있게 감당하실 것을 기대하며 이 책을 추천합니다.

● 이찬수(분당우리교회 담임목사)

우리 기독교인들을 가리키는 말들이 참 많지만, 저는 '창문'이라고 불리는 것을 좋아합니다. 세상과 하나님 사이에 가로막힌 담에 붙어 있는 작은 창문. 그 창문을 통해 세상은 따뜻함이 무엇인지, 사랑이 무엇인지 알 수 있습니다. 우리의 삶을 통해 예수님이 하신 그 사랑이 세상에 알려진다는 의미에서 이 비유와 호칭을 참 좋아합니다. 이 책의 주인공 김정하 목사님이 바로 이 창문과 같으신 분입니다.

목사님은 참 열정적으로 사랑하시는 분이십니다. 미친 듯이 사랑하는 분이라고 해야 맞을 것입니다. 자신의 환경과 여건에 상관없이 사랑할 수 있음을 보여 주셨습니다. 목사님의 사랑의 섬김 속에 예수님의 마음과 사랑이 보입니다.

이 책을 통하여 다시금 예수 그리스도의 사랑을 만나, 행복해지는 분들이 많았으면 좋겠습니다. 그리고 많은 이들이 예수님을 세상에 잘 보여 주는 창문이 되었으면 좋겠습니다.

● 옥경원(전국개척교회연합회, 한국지역아동센터연합회 대표)

김정하 목사님으로부터 추천의 글을 요청받은 뒤 펜을 들었다 놓기를 거듭하였다. 나의 추천이 도리어 목사님께서 살아오신 하나님 사랑과 이웃 사랑의 삶을 평가절하하는 것 같아서였다. 예수님께서 제자들의 냄새 나는 발을 씻기시고 섬김으로써 사랑이 무엇인지를 가르치고 그렇게 살아가기를 당부하셨듯이 김정하 목사님은 냄새 나는 구두를 닦으며 국경을 초월한 사랑의 메신저로 살아가신다. 그래서 주님을 닮은 분이다. 그의 가시, 루게릭병이 생명을 위협하고 사랑의 수고를 제한할지 모르지만 오히려 장애물로 말미암아 더 짙은 예수님의 향기로 온 세상에 퍼져 나갈 것이라 믿는다.

그러므로 〈지금, 행복합니다〉는 또 하나의 비슷한 간증집이 아니라 교회를 향한 주님의 가르침이 스며 있는 책이다. 세상이 교회를 걱정하는 시대에 우리는 주님 주신 사명의 길을 어떻게 걸어가야 할지, 진실한 사랑의 실천이 무엇인지, 촛불처럼 자신을 녹여내듯 제한된 시간에 수정같이 비추는 그 불타오르는 신앙고백을 가슴으로 지켜보면서 우리 또한 그가 가진 긍휼의 심장을 느끼기를 바란다.

| 머리말 |

이 시간을 소풍 나온 아이들처럼…

　지금까지 하나님께서 특별한 만남을 베풀어 주시고, 의외의 일을 맞닥뜨리게 하시고, 아주 가끔 큰 절망 속으로 우리를 이끄실 때, 우리는 잠잠히 그분의 계획이 드러나기를 기다렸습니다. 그래서 출판사 사장님이 찾아오셔서 우리가 살아온 이야기를 함께 나누어 달라고 말할 때 우리는 그저 하나님께서 또 새로운 일을 하시려는 것이라고 믿었습니다. 그러므로 우리의 대답은 늘 비슷했습니다. "저희를 부르셨어요? 어떻게 하면 될까요?"

　책에 담은 이야기들은 우리 가족과 우리 교회의 이야기입니다. 그동안 일기 형식으로 꾸준히 기록해 둔 '구슬'을 실로 꿰어 낸 것이지요. 아마 우리 가족과 우리 교회가 지금까지 지내 온 이야기들을 이렇게 책으로 엮어 내실 때는 하나님께서 독자들에게 무엇인가 말씀하시기 위해 우리의 이야기가 필요하셨던 것이라고 생각합니다. 그러니 엄밀히 따지고 보면 이 책의 출판은 그분의 의도가 숨어 있는 게 분명합니다.

주인공도 그러고 보면 우리가 아니라 그분입니다. 그분이 우리 가족을 먹여 살리셨고, 죽음의 위기에서 구해 주셨고, 어떻게 순간순간 선택해야 하는지를 알려 주셨습니다. 여기까지 이르게 하신 분도 그분이십니다. 우리는 그저 그분의 인도대로 따라왔을 뿐입니다. 그래서 참 쉬웠습니다.

우리가 지금 이 시간을 행복하다, 고백하는 까닭 또한 하나님께서 우리를 안전하게 지키시고 새로운 시간으로 인도해 주실 것을 믿기 때문입니다. 그러니 루게릭병이니, 가난이니, 또 다른 환경이 우리의 발목을 잡고 있을지라도, 이 시간은 결국 하나님의 새 땅을 향하여 난, 참 좋은 길일 뿐입니다. 소풍 나온 아이들처럼 재잘재잘 수다 떨면서 폴짝폴짝 즐겁게 걸어가는 까닭입니다.

이 책에 등장하는 여러분들에게 이 자리를 빌어 감사드립니다. 샬롬교회의 형제자매들과, 컴패션의 소중한 일꾼들과, '구름과불기둥' 카페의 회원들, 그리고 다 말할 수 없는 소중한 분들께도 감사드립니다. 또한 원고 정리에서부터 책이 나오기까지 애써 주신 여러분들에게 고마움을 전합니다.

마지막으로 사랑하는 딸 고은이와 아들 동엽! 너희들이 자랑스럽고 고맙구나.

2011년 12월
김정하 최미희

| 프롤로그 |

행복한 나의 이력서

　나는 일곱 번 죽음과 직면하였다. 일곱 살 때 익사 직전에 살아났고, 공장생활을 할 때와 자취할 때 연탄가스에 중독되어 세 번이나 죽음의 문턱까지 갔다가 돌아왔다. 네 식구가 자동차 여행을 할 때 강풍에 쓰러지는 고목이 시속 70킬로미터로 달리던 우리 자동차를 덮쳤는데, 이때도 하나님의 은혜로 생명을 구했다. 그뿐 아니라 전기에 감전되는 사고도 당했고, 폐결핵을 앓아 생명이 멈출 위기에도 빠졌다. 하지만 그때마다 누군가 내 목숨을 구해 주었다. 하나님의 은혜였다.

　게다가 내 인생은 유난히 많은 자연재해를 직접 겪으면서도 그때마다 안전하였다. 태어나던 해 그 유명한 '사라호 태풍'이 불었다. 그리고 2000년, 강원도 동해안으로 대형 산불이 났을 때 우리 가족은 그 산속에다 오두막을 지어 살았다. 놀랍게도 우리 오두막만 그 큰 산불의 피해를 면하는 기적을 경험하였다. 그 밖에도 태풍 '루사'가 남긴 홍수 속에서도 건져 주셨고, 2003년 태풍 '매미'의 피해가 사방을 덮칠 때도 안전하게 지켜 주셨다.

그러니 내 삶은 언제나 덤으로 사는 것이다. 하나님이 주신 보너스 인생이다. 목회자의 길에 들어서게 된 것도 이처럼 죽음의 위기에서 건져 주신 하나님의 사랑에 대한 응답인 셈이다. 그저 순교할 각오로 살아갈 뿐이다. 이미 오래 전 장기와 각막도 기증했으며 연세대 의과대학에 사후 신체 기증도 했다. 내 몸이 그분의 것이므로 그분께 드리는 것이 마땅한 게다.

지금 나는 루게릭병으로 다시 여덟 번째 죽음의 위기에 처하였다. 하지만 이 병 또한 지금까지의 위기들 가운데 하나일 뿐이라 여기는 까닭은, 위기 때마다 나를 구해 주신 하나님의 손을 확신하기 때문이다. 사나 죽으나 내 안에서 그분만이 영광 받으시기를 기도할 뿐이다.

나는 장손이었다. 특히 할아버지의 사랑을 독차지했다. 그런 할아버지가 돌아가신 뒤 가세까지 기울었다. 결국 중학교를 졸업하고 열일곱 살부터 객지생활을 시작했다. 주경야독하며 9년 만에 고등학교를 졸업했고, 8년이나 걸려 방송통신대학 중어중문과를 졸업했다. 객지생활을 시작한 뒤로 나는 닥치는 대로 일했다. 공장의 공원으로, 양복점 점원으로, 커튼가게 기사로, 건축현장 막노동꾼으로, 중국어학원 강사로, 책을 비롯해 건강식품과 시계, 카메라 등을 파는 세일즈맨으로도 일했다. 항상 새로운 일을 시작할 때마다 배우는 자세로 임했다.

1997년 IMF의 격랑에 휩쓸려 사업이 무너졌을 때도 나는 가족들과 고향으로 돌아가 오두막을 짓고 농사를 하면서 새 터전을 일궜다. 하나님께서는 그렇게 살아가는 우리를 사랑하시어 아무도 없는 산골 오두막에서 우리 인생의 터전을 다지도록 인도하셨다.

이런 삶 속에서 나는 인내를 배우고 감사를 깨달았다. 하나님을 의지하는 기쁨을 알아 갔으며, 매사를 긍정적으로 보는 데 익숙해졌고, 아무리 힘든 상황에도 굴하지 않는 의지력도 생겼다. 대인관계를 통해 상대를 먼저 배려하는 섬세함도 가졌다. 그리고 바쁠수록 더 침착해진다. 타고난 성품이 꼼꼼해서 일을 대충 적당히 빨리 해치우지 못한다. 이런 성격이 때로는 느려 터졌다는 소리를 듣기도 하지만 사람들에게 깊은 신뢰를 주었다. 20년 자동차 무사고 운전 경력도 이런 성품 때문에 가능했을 것이다.

그런데 무엇보다도 남녀노소 지위고하를 막론하고 누구에게나 전도할 수 있는 '만남의 노하우'가 내 안에 자라나기 시작했다. 지금도 나는 전도하는 일이 즐겁다. 억지로 해 본 적이 없는 것 같다. 전도를 하다 보면 머리카락이 쭈뼛 설 정도로 짜릿한 흥분을 느끼기도 한다.

삶이란 지나고 돌아보면 얼마나 짧고 덧없는가. 누구나 늙고 병들어 죽어 가는 인생, 하루살이 같은 나그네 여정을 탐욕과 쾌락으로 일희일비하며 허송세월할 수 있겠는가. 그러니 창조주 하나님의 선하심과 섭리를 깨달아 순종하며 살아가는 삶이야말로 인생에서 누릴 수 있는 최고의 복이 아니겠는가. 한 치 앞도 모르는 안개 속에서 낭떠러지를 향해 나아가는 인생들을 보며 나는 사도 바울이 남긴 사명고백을 따라 하지 않을 수 없다. '예수께 받은 사명, 곧 하나님의 은혜의 복음을 증거하는 일을 마치려 함에는 나의 생명을 조금도 귀한 것으로 여기지 않으리라'는 그 고상한 다짐 말이다.

다짐은 어느새 내 꿈이 되어 나를 이끌어 왔다. 내 인생이 그분의 뜻에 따라 살 수 있도록 보여 주신 꿈들이다. 샬롬교회를 개척하도록 인도하셨고, 성남 지역의 100만 영혼을 사랑하시는 하나님의 마음을 깨닫게 해 주셨다. 때를 얻든지 못 얻든지 그들을 위해 기도하고 그들에게 하나님의 사랑을 이야기하도록 이끄셨다. 나는 눈물로 기도하며 그들이 하나님의 사랑을 깨닫고 하나님께로 돌아와 하나님의 뜻대로 살아가기를 바라고 또 바란다. 비록 치명적인 병으로 그 꿈이 느릿느릿 움직이지만 여전히 내 맑은 정신은 거울을 닦듯 내게 주신 그 귀한 꿈을 닦고 닦는다.

인터넷에 열어 놓은 카페 '구름과불기둥'(http://cafe.daum.net/cfck) 또한 하나님께서 주신 또 하나의 땅이다. 국내외에 3,300여 명의 회원이 가입하여 인터넷 공동체를 형성하고 있다. 이 카페는 외출이 자유롭지 않은 우리가 더 많은 이들과 소통하고 대화하는 마당이다. 이 마당을 통해 우리가 살아가는 이야기를 나누고 삶 속에서 만난 하나님을 간증한다. 목회자방과 사모방이 있어 목회현장의 기쁨과 아픔을 나누기도 한다. 루게릭병으로 집에 있는 날이 많아지면서부터는 회원들이 보내 주는 위로의 글 한 줄 한 줄이 우리에겐 고마운 힘이 되어 준다.

내가 배운 중국어를 가지고 학생들과 주부들을 대상으로 어학교실도 열어 보고 싶다. 그분이 하시는 일을 나는 잘 아는데, 결코 허투

루 공부시키지 않으시는 분이다. 대학까지 다니며 중국어를 공부하게 하신 분이다. 또 있다. 아내와 함께 국가가 공인한 가정폭력상담사와 성폭력상담사 자격을 취득하였다. 아내는 인터넷으로 사회복지사 자격증도 가졌다. 우리는 언젠가 요양소를 열어 우리의 도움이 필요한 이들과 하나님의 사랑을 나눌 수 있으리라 믿는다.

또한 구호기관인 '컴패션'을 통해 세계의 어린이들을 후원하기 시작했는데, 얼마 전까지만 해도 구두까지 닦으며 7명의 어린이에게 후원금을 보냈다. 루게릭병으로 움직임이 둔해져 버린 지금은 비록 구두를 닦지는 못하지만 내 마음의 간절함 때문인지 더 많은 아이들을 후원할 수 있게 되었다.

지난 가을, 나는 목사 안수를 받았다. 누구보다 늦게 목사가 되었고, 다른 사람들처럼 건강한 몸으로 안수를 받지는 못했지만 하나님께서는 그 까닭 또한 가지고 계시리라 믿기에 설레는 마음으로 기대할 뿐이다.

몸은 더욱 굼뜬데 꿈은 더욱 반짝반짝 빛난다. 이 꿈을 주신 분이 하나님 아닌가. 꿈은 얼마나 굳세고 강한가. 나는 그 꿈으로 말미암아 더욱 젊어지고 더욱 왕성해질 것이리라는 짐작을 해 본다. 그분의 뜻이라면 말이다.

제1부
가난한 땅의 노래

가난은 불편하지만 그렇게 불편한 만큼
하나님의 도움을 받게 되니 가난은 하나님을 초대하는
우리 나름의 사랑방이기도 하다.
…
주님은 내게도 그리 말씀하셨던 것 같다.
인내해 달라고, 견뎌 달라고, 그렇게 순종하는 종으로 내 곁에 머물러
달라고. 그러면서 우리에게 오아시스처럼 촉촉한 시간을
그 힘겨운 시간들 틈새로 심어 두셨던가 보다.

남편을 포기하고

● 남편과 결혼하고 3년째 되던 어느 날, 나는 남편을 포기하기로 결심했다. 남편 속에 있던 어린 시절의 상처가 내게 힘겨운 부분으로 다가온 까닭이었다. 남편은 어릴 때 어머니와 아버지로부터 버림받았다는 상처를 안고 살아왔다. 할머니 할아버지 밑에서 자라면서 외로운 시간을 보냈다. '나 혼자'라는 외로움이 어린 남편을 힘들게 만들었다.

그리고 열일곱 살 때 집을 떠나 홀로 고등학교를 졸업했고, 대학을 다녔으며, 대학원까지 마쳤다. 그 시간 동안 수많은 직업을 거치면서 여러 사람들을 만났다. 그 신분이 낮든지 높든지 누구와 만나도 정직했고 당당했으며, 그래서 모두가 그이 앞에서는 친구였다.

이런 남편에게서도 문득문득 어린 시절의 상처가 드러날 때면 나는 견딜 수 없이 아팠다. 그 아픔이 하도 커서 고은이가 태어난 지 한 돌이 되어 가던 무렵 이혼까지 신중하게 떠올렸다. 이혼을 결심하고 40일 동안 아침을 금식하며 기도할 때 하나님께서 내 마음을 감동시키셨다.

"아내들아 이와 같이 자기 남편에게 순종하라 이는 혹 말씀을 순종하지 않는 자라도 말로 말미암지 않고 그 아내의 행실로 말미암아 구원을 받게 하려 함이니"(벧전 3:1).

하나님께선 내가 가야 할 길을 인도하셨다. 아직도 순종하지 못하는 자아를 의지하여 나는 여기까지 달려왔다. 그런데 감사하게도 이런 나의 행실이 남편을 하나님의 사람으로 인도할 것이라는 말씀이셨다.

'인생에서 얼마나 긴 시간 동안 쓰임 받는가' 하는 건 중요하지 않다. 단 한 번이라도 그분께 합당한 도구로 쓰일 수 있다면, 그렇게 일회용 인생일지라도 얼마나 멋진 인생인가. 내 인생이 남편의 그런 멋진 인생을 위해 쓰일 수 있다면 나는 결코 후회하지 않으리라 다짐했다.

그날 나는 주님과 결혼했다. 남편을 포기했다. 나의 포기는 곧 주님께 남편을 맡기는 것이었다. 남편은 이제 내가 도와야 할 한 사람이 되었다. 그 상징으로 남편의 결혼반지를 녹여서 십자가 목걸이를 만들어 목에 걸었다. 그날 이후 남편과 말다툼을 하거나 속상한 일이 생기면 가만히 십자가 목걸이를 붙잡았다.

그렇게 지금까지 달려온 결혼생활이었다.

섬김의 비밀

인생은 수많은 만남들로 이뤄진 우주와 같다. 크고 작은 만남들이 서로 작용하여 다시 크고 작은 만남을 만들고 그렇게 인생이라는 거대하고도 정교한 우주를 생성해 간다. 하나의 만남은 다른 만남으로 이어지며 새로운 기회를 열어 주고 생각지 못한 결과로 이어진다. 그러므로 모든 만남은 그 나름의 의미에만 머물지 않고 크고 비밀스런 새로운 기회를 열어 주기도 한다. 그래서 만남은 비밀이다. 우리가 어떤 만남이든 소중히 여겨야 하고 아무리 작아 보이는 만남이라도 마음을 다하여야 하는 까닭은 이 때문이다. 마음을 다하여 만나는 일, 섬김이란 바로 그것이지 싶다. 누군가를 의도적으로 섬기고자 하는 게 아니라 그저 마음을 다하여 만나면 섬김은 자연스러워진다.

1997년 강원도 어촌마을로 내려가기 전 남양주에서 우리는 할머니 한 분을 만났다. 작은 암자에서 주지로 살다가 다시 환속한 분이었다. 할머니는 환속을 결심할 때 몸이 죽을 만큼 아팠다고 했다.

"할머니, 계세요?"

음식을 조금 만들어 할머니와 함께 먹으려고 문을 두드렸다. 첫 만남이었다.

"무슨 일인가? 늙은이 혼자 사는데?"

할머니는 오랫동안 이웃과 대화하지 않고 살았다. 내가 내민 음식을 선뜻 받지 못하고 당황해했다. 하지만 그렇게 얼굴을 트기 시작한 관계는 시간이 흐르면서 부모 자식처럼 가까운 사이로 발전했다. 우리가 다니던 교회에도 따라가서 예배를 드렸고, 자주 식사도 함께 했다. 그러던 어느 날 할머니는 나를 붙잡고 엉엉 소리 내어 울었다. "내 평생에 정을 주고받으며 산 게 처음이야. 왜 혼자 그렇게 살았는지 몰라." 하고 후회하였다.

우리가 어촌에서 산골 오두막으로 거처를 옮기게 되었을 때 남편은 가족회의를 열어 할머니와 함께 살자고 제안했고, 우리는 그 제안에 모두 찬성했다. 그러나 할머니는 거절했다.

"몸이 아파서 자네들 고생만 시킬 게 뻔한데 내가 어찌 넙죽 따르겠는가. 이렇게 아프면 산골이 더 불편한 법이야. 말만이라도 고맙네. 내가 자식처럼 생각하며 오래오래 잊지 않고 살 거야. 그러니 이 늙은이가 혼자 살게 내버려 두게. 게다가 여기서 살아야 절에서 조금 나오는 생활비도 받을 수 있으니 이해해 주게."

할머니는 이별의 슬픔을 못 이겨 눈물을 흘렸다. 함께 가고 싶은데도 가지 못하여 또 울었다. 이삿짐을 다 챙겨서 인사를 할 때 할머니는 하얀 봉투를 건네주었다.

"이거 가지고 있다가 필요할 때 써."

돌아와 세어 보니 30만 원이었다. 그 돈이면 할머니에게도 큰돈이다. 그 돈을 줄 때 할머니는 우리를 자식이라 생각했던 게 틀림없다. 할머니와의 만남은 그렇게 막을 내렸지만 우리가 살면서 경험한 많은 만남들과 그들과의 이야기 속에 정겹게 빛나는 이야기가 되었다.

우리는 할머니가 그때 건네준 돈을 한참 동안 보관했다. "소중하고 정말 급할 때 쓰기로 하자."고 가족이 함께 약속했기 때문에 시골 교회에서 건축헌금을 할 때도 아껴 두었다.

그 뒤 얼마 있지 않아 둘째아이 동엽이가 병원에 입원해야 할 일이 생겼다. 그리고 퇴원 수속을 밟을 때 병원비 청구서에 적힌 금액을 보는 순간 나는 깜짝 놀랐다. 30만 원이었다. 순간 할머니가 준 봉투가 떠올랐다.

'할머니가 준 돈을 아낀 건 이때를 위해서였나?'

할머니를 통해 하나님께서 미리 동엽이의 병원비를 준비해 두셨던 것일까? 하지만 만약에 그런 논리대로라면 우리가 건축헌금으로 그 돈을 드렸다면 어떻게 되었을까? 뻔하다. 동엽이는 병원에 올 일도 없었을 것이다.

우리는 그때 소중한 깨달음을 얻었다. 감동이 올 때는 곧바로 우리가 가진 것 모두를 하나님이 원하시는 곳으로 흘려보내야 한다. 할머니의 소중한 선물은 우리에게 그런 깨달음을 주시기 위한 것으로 갈무리하였다.

이처럼 만남이란 비밀스럽고도 소중한 일이다. 그래서 인생을 살아가며 다가오는 수많은 만남들은 결코 수단이 아니라, 인생을 걸고 얻어야 할 목적이 된다. 특히 만남의 대상이 사람이라면 말이다.

시작된 하나님의 계획

1987년에 결혼한 뒤로 우리는 서울과 경기도를 오가며 살았다. 그러나 1997년 'IMF 사태'가 터지면서 조그만 사업이 그야말로 바닥으로 주저앉았다. 우리는 모든 것을 깡그리 잃어버렸다. 더 이상 머물 형편이 아니었고, 어디론가 떠나야 했다. 잃어버린 사람들이 향하는 곳은 고향이다. 우리는 두 아이를 데리고 그이의 고향인 강원도 삼척의 조그마한 어촌으로 들어갔다. 고은이가 일곱 살이었고 동엽이가 세 살이었다. 120호 정도 되는 가구가 모여 사는 그곳은 원래 시댁이 있던 마을이었다. 시댁에 세 들어 살던 두 가구가 이사를 하는 바람에 우리는 빈집에 들어갈 수 있었다. 재래식 부엌을 입식으로 수리했지만 '푸세식' 화장실은 그대로였고, 이사를 해서도 부엌 수리를 마치지 못해 그 더운 한여름의 기간을 문짝 대신 천으로 햇살을 가리고 살아야 했다.

갑자기 곤두박질친 환경이었다. 대를 이어 아는 사람들이 모여 살았으므로 동네 사람들은 이웃집 부엌의 숟가락까지 셀 정도였다. 자고 일어나 부스스한 머리를 하고도 가족처럼 만나서 이야기하는 그들이었다. 처자식을 끼고 살아가는 사내들은 대부분 자연스레 선후배들로 엮였다. 그들은 뱃일을 하는 어부들이어서 밤일을 마치고 들어오면, 아침부터 술판을 벌이기가 일쑤였다.

남편은 술자리에 끼지 않았다. 교회생활에 익숙해서 술은 곧 죄악이라 여기며 산 사람이었다. 선후배 사이에서 그이는 생뚱맞은 존재였다. 어느 날 남편의 친구가 술이 불콰하게 올라 시비를 걸어왔다. 아마 그들의 술판에서 꾸준히 남편의 이름이 오간 뒤였지 싶다.

"이 자식아, 넌 고향에 왔으면 친구한테 술 한 잔이라도 사야 하는 거 아녀?"

"미안하다. 보다시피 우리 형편이 술 사 주고 할 그런 형편이 아니야. 게다가 내가 술을 안 마시잖아. 대신 따뜻한 밥이라도 해서 부를게. 술은 그냥 너희들끼리 먹어라."

"이 자식 봐라? 로마에 오면 로마법을 따르라. 그런 말도 몰라? 술사, 이 자식아."

그렇게 시작된 말승강이가 나중에는 큰소리로 바뀌면서 싸움질이 되어 버렸다. 남편은 사정하고 구슬려도 안 되니 화가 날 대로 났는지 어디 가서 술을 마시고는 그래도 분을 못 이겨 온 동네를 울부짖으며 다녔다. 슬프고도 사나운 짐승 같았다. 나는 그런 남편의 모습을 한 번도 보지 못했기 때문에 그저 두렵고 떨렸다. 방바닥에 엎드려 주님만 불러 댔다. 악몽 같은 이 시간이 어서 지나 주기만을 바라고 기도했다. 그러나 시간이 흐르면서 내 기도는 원망의 탄식으로 변했다.

"주님, 제가 남편 하나 보고 이 동네까지 왔잖아요? 그런데 주님, 눈이 있으면 지금 제 남편을 보세요. 술에 취해서 사나운 이리처럼 저렇게 날뛰는 저 사람을 좀 보시라구요, 주님."

그런데 하염없는 눈물의 끄트머리쯤에서 나는 인자하고 세미한 음성을 들을 수 있었다. 고통 속에서 울부짖는 백성들을 향해 언제나 귀 기울이시던 주님께 내 목소리가 닿은 것이다.

"염려하지 말아라."

그 목소리는 다시 주님의 뜻이 무엇인지를 알게 해 주었다.

"나는 네 남편을 세상으로부터 분리하고 있단다."

그 따뜻한 목소리에 마음이 녹을 무렵 남편은 집으로 들어왔다가 이번에는 도끼를 들고 다시 소리를 지르며 집을 나갔다. 꼭 무슨 일이 벌어질 것만 같았다. 세상과 분리시키시더라도 그 방식이 대체 어떤 결과를 낳을지 나는 다시 두렵고 떨리기 시작했다.

"주님, 두렵습니다. 무슨 일이 일어날 것만 같습니다."

"그를 내가 쓰기 위해서 너를 낮추려고 한다."

남편을 세상으로부터 분리시켜 하나님의 사람으로 쓰시려는 계획이었다. 그것이 하늘의 뜻이었다. 그 뜻을 위해 남편뿐 아니라 나에게도 고통의 시간이 필요했다. 나를 낮추시려는 뜻이었다. 그이를 쓰기 위해 나는 낮아져야 했다.

그러므로 이 시간은 저 앞을 향해 나아가는 과정인 셈이다. 과정을 살아가는 성도들이 어떻게 순종해야 하는지 나는 알았다. 하나님은 출애굽의 광야에서 당신의 백성들에게 그렇게 오랜 시간 가르치신 것이었다. 당신의 백성으로 살아가기 위해, 그 아름다운 영광을 덧입기 위해서 그들에겐 순종이 몸의 일부처럼 익숙해야 했다. 이스라엘 공동체가 그렇게 하나님께 나아가기 위해서 참으로 오랜 시간이 필요했던 게다. 그리고 나는 성경을 통해 그 사실을 똑똑히 배웠다.

힘겨운 시간들 틈새로 심어 둔 촉촉한 오아시스

고향마을에서 보낸 그해 여름은 유난히 무덥고 길었다. 남편을 들어 쓰시겠다는 주님의 약속만이 그 막막한 시간을 견뎌 내게 해 주는 유일한 힘이었다.

하나님께서 그이를 어떻게 쓰실지 나는 알 수 없었다. 대학에서 중국어와 중국문학을 공부했기 때문에 중국선교사가 되고자 했으나 하나님은 그 길을 허락지 않으셨다. 농어촌 목회에 대해 생각했으나 그 길도 허락지 않으셨다. 그분의 길이 따로 있으리라 믿을 수밖에 없었다.

가을이 오고 그 당시 우리가 다니던 교회에서 심방을 왔을 때도 우리는 여전히 손님들을 대접할 음식조차 없었다. 남편은 자신의 초라한 살림살이를 그가 아는 누구에게도 보이고 싶어 하지 않아서 배가 출항하고 귀항하는 물가로 나가지 않았다. 어장에 가면 생선 몇 마리는 얻어 올 수 있겠지만 그이에게는 그런 동정이 죽기보다 싫었던 게다. 세상이 모두 우리를 예수쟁이라고 말하고 있었다. 그들이 함부로 말해선 안 되는 고귀한 이름이었다, 예수쟁이라는 말은…. 그러니 어장 근처에는 얼씬도 않았다.

대신 남편은 길에서 큰 호박 하나를 주워 왔다. 꼭지가 썩어서 누군가 버린 호박이었다. 나는 썩은 데를 베어 내고 깨끗이 씻어서 심방 온 손님들을 위해 범벅을 쑤었다. 범벅이 오른 상은 소박했으나 상을 맞는 손님들의 얼굴엔 웃음이 한 상 가득이었다. 어느 권사님은 오랜 세월이 흐른 뒤에도 그때 그 범벅 맛을 잊지 못하였다. 그렇게도 기억에 남는 식탁이었다. 남편은 그때 이야기를 꺼낼 때마다 같은 말을 했다.

"하나님께서 주셨으니 그게 천상의 맛이었을 게야."

우리가 그 어촌에서 지낸 몇 달 동안 웃음을 머금은 기억들은 모두 주님의 위로를 통해서만 주어진 것들이었다. 끝없는 사막을 걸어서 닿은 오아시스처럼 주님의 위로는 그 모든 목마른 시간들을 충분히 보상받을 만했다.

남아프리카공화국의 길거리에서 낯선 사람들의 발을 씻어 주며 복음을 전하는 데이빗 케이프(David Cape) 목사가 그런 이야기를 했던 기억이 난다.

"신앙인의 길을 간다는 것은 말 그대로 주님과 함께 걷는 것이다. 예수님은 우리가 '어떻게 시작하는가'에도 관심이 있으시지만 우리가 '어떻게 끝까지 걸어가는가'에 더 관심이 많으시다. 단단한 각오로 열정적인 시작을 하는 것보다 더 깊고 지속적인 관계 속으로 성숙해져 가는 것에 훨씬 관심이 많으시다"(데이빗 케이프, 〈예수를 위한 바보〉, 토기장이 펴냄).

데이빗 목사는 주님과 함께 영광을 받기 위해 고난도 함께 받아야 한다는 사실을 일러 주었다. 그는 여기저기서 초청을 받아 간증했는데, 하나님께서 길에서 행하신 놀라운 일들과 기쁨들을 나누었다. 그런데 사람들은 데이빗 목사의 간증을 들으면서 오해를 했다. 마치 데이빗이란 사람은 언제나 늘 영광스런 긴 순례의 길을 걸어간다고 생각했다.

그러나 진실은 그렇지 않았다. 데이빗 목사의 고백처럼 "90%의 고난과 10%의 영광"이었다. 모든 일이 순조롭고, 하나님의 응답이 제때 이뤄지는 날은 마치 독수리가 날개를 치면서 위로 위로 날아오르는 것 같지만 다른 날은 온전히 인내하며 걸음걸음마다 그저 앞으로 밀고 나갈 뿐이었다.

가령 이런 날이다. 억수같이 비가 쏟아져 길거리는 진흙탕이 되고, 몸은 흠뻑 젖고, 입고 있는 티셔츠와 반바지도 몸에 찰싹 달라붙어 심하게 한기를 느끼는 날, 게다가 아무도 말씀을 듣고자 기다리지 않는 날, 눈에서는 뜨거운 눈물이 흘러내리고 마침내 하나님을 향해 소리를 질러 대고 만다.

"하나님, 이게 도대체 다 뭡니까? 제가 왜 여기 나와 있어야 하나요? 여기서 뭘 하고 있는 겁니까? 제가 미친 사람인가요?"

그러면 성령의 세미한 음성이 들린다. 그 음성은 어쩌면 간곡하고도 애틋한 소망이다.

"아니다, 데이빗. 나는 네게 인내를 가르치고 있을 뿐이란다. 그저 너를 점검하고 있을 뿐이야. 더 중요한 일을 맡겨야 하거든. 그러니 인내하며 견뎌 주렴."

그렇다. 그리스도인이란 예수님과 함께 길을 가는 사람들이다. 그들에게 궁극적으로 남는 건 '순종'일 게다. 순종하기 위해 귀를 쫑긋 세우고, 눈을 반짝이며 한 발작 한 발작을 조심스레 걸어가는 게다.

그러나 순종의 결과는 화려하다. 그 화려한 10%의 순간을 위해 어쩌면 90%의 순간을 인내하며 걸어야 하는 일인지 모른다. 그러고 보면 90%의 그 과정조차 10%에 포함되어 100%의 화려함으로 와 닿을지 모른다. 그렇게 깊은 순종이 하나님의 나라를 이루어 가는 씨앗이므로 하나님은 그리도 간절하게 또 애틋하게 당신의 자녀들을 향해 말씀하시는지 모른다. "인내하며 견뎌 주렴. 순종해 주렴."

주님은 내게도 그리 말씀하셨던 것 같다. 인내해 달라고, 견뎌 달라고, 그렇게 순종하는 종으로 내 곁에 머물러 달라고. 그러면서 우리에게 오아시스처럼 촉촉한 시간을 그 힘겨운 시간들 틈새로 심어 두셨던가 보다.

무모한 실험

여름에 이곳으로 와서 가을이 오고, 겨울이 오고, 1997년이 그렇게 간 뒤 또 새봄을 맞았다. 1년쯤 우리는 옛 시댁에서 살았는데 우리 눈으로만 보면 그 시간은 온통 실패의 연속이었다.

어촌으로 들어왔지만 우리는 오히려 농사를 지을 계획이었다. 하지만 땅에다 씨만 뿌려서 될 농사는 없었다. 몸도 따르지 못했다. 하루 일하고 사흘 앓았다. 풀은 한 고랑을 뽑으면 다른 고랑으로 새 풀이 돋아서 숲을 이뤘다. 새들이 날아와 쪼아 먹는 통에 그렇게도 예쁘게만 여기던 새가 어느새 보이는 대로 쫓고 잡아야 할 적이 되어 버렸다.

우리는 500평 밭에다 두릅을 옮겨 심기로 했다. 그래서 아침부터 저녁까지 온 산을 뒤져 두릅을 캐어 와 밭에다 심었다. 내 키의 두 배는 족히 될 두릅나무에 하도 찔려 그야말로 손이 성한 데가 없을 정도였다. 하지만 우리의 두릅농사는 실패로 끝났다. 알고 보니 두릅은 뿌리로만 번식되는 식물이었다. 우리는 그렇게 무모했다.

우리의 무모한 실험은 계속되었다. 병아리를 분양받아서 키웠는데, 어느 날 밤 족제비가 다 물어가 버렸다. 개를 사육하다가 병으로 죽어 가는 개들을 보면서 속이 상해 또 얼마나 울었는지 모른다. 광견병에 걸린 개를 살린답시고 개 입 속에다 손을 넣어 약을 먹이기도 했으니, 지금 생각하면 자다가도 깰 만큼 아찔한 순간들이 하루가 멀다 하고 이어졌다. 군부대에서 가져온 짬밥으로 개밥을 끓여 먹였는데, 짬밥 국물의 독성 때문에 남편의 손에 습진이 생겨 오랫동안 고생을 하기도 했다. 그러면서도 먹을 것이 하도 없어 짬밥에서 생선덩어리를 꺼내 끓여 먹기도 했다.

오두막을 짓다

다시 여름이 올 무렵, 우리는 마을에서 동떨어진 외딴 곳으로 이사했다. 거기 남편의 이름으로 된 논이 조금 있었다. 우리는 폐자재를 활용하여 창고를 지었다가 나중에는 방을 한 칸 덧붙여서 주거 공간으로 만들었다. 30년 이상 버려진 농지였던 그곳은 이제 우리 네 식구를 위한 오두막으로 다시 태어났다.

남들이 보기엔 영락없는 창고였으나 우리에겐 어느 왕과 왕후의 궁궐 못지않았다. 그이는 거의 1년 동안 시간이 날 때마다 산속에 들어가 우리가 거처할 새 공간을 만들었다. 방 하나와 부엌 하나가 딸린 오두막이 세워진 것이다. 굴뚝으로 밥 짓는 연기가 날 때면 아무도 살지 않는 그곳이 우리의 보금자리임을 확신할 수 있었다. 하나님께서 "너희를 위해 마련한 나의 선물이란다. 마치 에덴동산처럼 말이다." 하고 말씀하시는 듯했다.

처음에 아이들까지 합세하여 오두막을 짓기로 했을 때 당장 필요한 건 장비들이었다. 망치만 하나 있으면 되겠지 생각했던 건 오산이었다. 망치 하나로 집을 짓겠다고 덤비는 우리 모습이 하나님 보시기엔 얼마나 가소로웠을까. 곳곳에 필요한 공구들이 따로 있는 줄 그때는 까맣게 몰랐다. 남편은 가지각색의 공구들을 보면서 말했다. "사람도 이 공구들처럼 요모조모 제 나름대로 의미를 가지고 있겠지? 나 같은 사람도 쓸모가 있겠다 생각하니 왠지 뿌듯한 걸."

우리는 골짜기를 개간하여 집을 지어야 했으므로 많은 공구들 가운데 곡괭이가 가장 요긴했다. 그러나 우리에겐 곡괭이가 없었다. 큰 돈이 들지는 않지만 우리는 곡괭이조차 살 돈이 없었다. 곡괭이를 포기한 채 다른 괭이와 지렛대를 써서 작업을 해 나갔다.

그러다가 방에 온돌을 놓기 위해 폐가에 가서 구들을 뜯어 오기로 했다. 이웃 마을로 내려가 폐가를 찾아 구들을 뜯어 나오는데 바윗돌 아래 반가운 물건이 하나 놓여 있었다. 곡괭이였다. 아직 페인트도 벗겨지지 않은 곡괭이 한 자루였다.

우리는 하나님의 그 장난스런 선물 건네기 방식에 어이없어 하면서도 한참을 깔깔 웃었다. 하나님만으로 힘을 삼고, 기쁨을 삼은 우리들이었으므로 곡괭이 한 자루에도 하나님의 은혜가 듬뿍 깃들어 있었던 게다. 우리의 오두막은 그렇게 지어졌다.

하나님의 가난한 사랑방

• 그이 곁에는 언제나 내가 있었다. 그러나 나보다 더 오랜 세월 동안 그이 곁을 붙어 다닌 것은 '가난'이었다. 그이는 태어날 때부터 지금까지 언제나 가난했다. 평생을 가난했으므로 가난하지 않은 생활에 대해 그이는 알지 못한다. 가난은 불편하다고 사람들은 말한다. 정말 불편하다. 하지만 늘 가난했던 사람은 그 불편조차 불편으로 받아들이지 않는다. 그저 삶의 일부분일 뿐이다.

그러나 하나님을 생각하면 가난은 그저 불편하거나 지겨운 존재만은 아니다. 가난은 불편하지만 그렇게 불편한 만큼 하나님의 도움을 받게 되니, 가난은 하나님을 초대하는 우리 나름의 사랑방이기도 하다. 우리가 가진 이 가난의 사랑방으로 말미암아 그이는 물론 나도, 아이들도 하나님을 가족처럼 모실 수 있었다. "하나님의 사랑방을 선택할래? 그걸 포기하는 대신 부자가 될래?" 그리 묻는다면 우리 가족의 대답은 '의견일치'를 볼 것이다. 가난이 가져다주는 사랑방에 하나님을 모시기로….

가난하여 불편했던 우리의 기억 속에는 그러므로 언제나 하나님의 웃음 가득한 사랑방의 추억이 포함되어 있다. 그렇게 가난한 오두막 생활 속에서도 우리 가족을 웃게 만들고 굳세게 만든 것은 하나님 그분을 향한 사랑이었다. 가난과 더불어 살았던 사람들은 가난 때문에 하나님을 망각하는 법은 없다. 불편하거나 궁핍하면 하나님께 의

지하는 게 어찌 보면 일상이었다.

그 무렵 우리 가족이 출석하던 시골 교회에서도 한 해에 한 번 부흥회가 열렸다. 부흥회에 대한 기억은 잔치를 떠올리게 만든다. 시끌벅적했고, 우리는 들떠서 교회에 모였다. 고된 노동을 하여도 여느 때보다 피로가 쉽게 풀렸다. 우리 가족은 부흥회가 열리면 언제나 맨 앞자리에 쪼르르 앉아 은혜를 사모하는 심정으로 집중하였다. 그럴 때마다 기쁨으로 충만하였다.

그렇게 큰 기쁨을 선사한 강사 목사님께 우리는 어떻게든 감사의 표현을 하고 싶었다. 시골 교회는 대개 몇몇 성도들의 가정이 돌아가며 강사 목사님을 공궤했다. 아무리 가난하더라도, 그래서 우리 가족이 한 끼를 굶더라도, 그이와 나는 강사 목사님을 공궤하고 싶었고, 순서의 한 자리를 차지했다. 막상 자원하였으나 무엇으로 대접해야 할지 고민이 되었다. 고민이 크면 기도가 된다. 우리에겐 그것이 기도 제목이 되었다.

부흥회가 시작되기 일주일 전에 우리는 새로운 일을 시작했는데, 군부대에서 잔반을 가져다가 개를 사육하는 일이었다. 매일 남편은 군부대를 드나들며 잔반을 수거해 와서 개밥을 끓여 댔다. 개밥 속에는 그래도 생선 덩어리가 있어 그 냄새가 나쁘지 않았는데, 원래 생선을 유난히 좋아하는 남편은 개들이 밥 먹는 모습을 지켜보며 "너희들 밥이 내 밥보다 낫구나." 할 정도였다. 그때 우리 네 식구의 식탁은 그렇게 가난하였다.

그런데 부흥회가 열린 그 주간에 우리는 부대에서 특별한 선물을 받게 되었다. 쇠고기 10킬로그램과 쌀, 그리고 많은 부식들이 남았으니 우리더러 가져가라는 것이었다. 물론 우리는 이것으로 강사 목사님을 훌륭하게 대접할 수 있었다. 군부대에서 우리 교회의 부흥회를 알지도 못했지만 주님께서는 우리에게 그런 통로를 열어 우리의 기도에 응답해 주시고, 우리 기쁨을 충만하게 해 주셨다.

실제로 많은 가정이 강사 목사님을 위해 정성껏 식탁을 준비했을 것이다. 하지만 그것이 가난한 우리에게는 간절한 기도 제목이 되었고, 하나님께서는 그 기도에 응답하셔서 우리의 기쁨을 더욱 충만하게 해 주셨다. 우리의 가난이란 이렇게 하나님을 초대하는 사랑방 같은 것이었다. 가난하였으므로 우리는 하나님을 더욱 가까이 할 수 있었던 셈이다.

그런데 시간이 흐르면서 오두막으로 찾아오는 손님들도 늘어났다. 가끔씩 열다섯 분씩 대규모 방문단이 찾을 때도 있었다. 그때는 무얼 대접해야 할지 속병을 앓아야 했다. 그렇게 대접할 것이 부족하여 마음에 차지 않은 상을 차려 냈을 때는 마음이 아팠다. 때로는 손님이 돌아간 뒤에도 며칠 간 마음이 불편하였다.

그때 하나님께서 지혜를 주셨다. 손님들이 방문할 때 우리가 가진 최고의 것을 대접한다는 원칙을 세우고 그대로 하라고 하셨다. 그렇게 결정하고 나니 오두막에 얼마나 많은 손님이 오든 나는 편해졌다. 나로선 최고를 대접하였으므로 속상할 게 없었다. 그래서였을까. 오두막살이는 늘 가난했지만, 다행히도 손님들은 언제나 행복해했다. 나는 오두막에서 배운, 손 대접하는 지혜를 그 후에도 실천하였다.

나중에서야 나는 이것이 얼마나 소중한 삶의 원칙인지를 깨달았다. 사람이 손님을 가리지 않고 주님께 하듯 최고를 대접하는 일 말이다.

'해 뜨는 언덕'에 다다르기까지

처음 오두막으로 거처를 옮겼을 때 그곳엔 전화는 물론 수도와 전기도 놓여 있지 않았다. 밤이 되면 사방이 캄캄했다. 그저 해가 뜨면 일어나고 해가 지면 잠자리에 들어야 했다. 21세기의 시작을 앞둔 1999년의 봄이었다.

우리는 오두막 한쪽에 기도하는 방을 만들었는데, 그 작고 초라한 방에서 참 많은 기도를 심었다. 우리 자신과 가족에 대한 기도는 물론이고 교회를 위해서 기도했으며, 이웃들과 세계를 위해 기도했다. 당장 오늘의 양식을 구하는 기도에서 멀리 내다볼 수 없는 미래를 위해서도 기도했다. 시간과 공간을 넘나드는 방이었다.

아마 그때도 나는 남편이 언젠가 목회자로서 하나님의 거룩한 사명을 감당할 수 있기를 기도했지 싶다. 이런 약속도 드렸다. "주님, 남편이 주님의 일을 한다면 제가 풀빵이라도 구워서 뒷바라지할 게요." 어느 날 그렇게 주님께 한 약속이 떠올라서 당장 내가 할 수 있는 일이 무엇일까 궁리하기 시작했다.

그 무렵 우리는 오두막에서 개를 키우고 있었는데, 산 아래 마을까지 내려가 음식찌꺼기를 구해 와서 사육하는 일도 쉽지가 않아 차라리 개를 직접 사서 되파는 일을 하면 벌이가 조금은 더 나을 것도 같았다. 하루하루가 먹고 살 일이 고민스럽던 그때, 우리는 다른 이들에게 피해 주지 않고 벌이가 되는 일이라면 무엇이든 할 수 있었다.

1톤 트럭에 개집을 얹었다. "개 팝니다. 개 삽니다." 그렇게 외쳐대며 트럭을 몰았다. '벼룩시장'을 뒤져서 개를 판다는 집을 확인하고 그 집들을 찾아가기도 했다. 하지만 가서 보면 애완견들이어서 낙심하고 돌아서기 일쑤였다. 그날도 그렇게 낙심하여 돌아오는 길이었다. 도로에서 신호를 기다리며 정차해 있는데, 과일 파는 아저씨의 트럭이 눈에 들어왔다.

"그래, 개보다는 과일이야!"

돌아오자마자 우리는 개장수를 그만두고 과일장수가 되기로 결심했다. 개장수를 오래 하여 단골이 생긴 것도 아니어서 과일장수로 업종을 변경하는 것쯤이야 마음만 먹으면 손바닥 뒤집듯 바꿀 수 있는 일이었다.

그때부터 청과물도매시장에서 과일을 떼서 골목골목을 누비며 과일을 팔았다. 트럭 짐칸에 앉아 내가 과일을 팔 때 남편은 전도를 했다. 토요일까지 팔다가 남은 과일은 주일학교 어린이들의 간식으로 제공하였다. "집사님 덕분에 과일은 원 없이 먹네요." 주일학교 선생님들이 그렇게 말할 때 우리는 과일장사를 시작하길 잘했다고 서로 격려하였다.

우리의 과일장사는 40여 일 동안 이어졌다. 그리고 다시 업종을 변경할 시간이 도래했다. 우리의 업종 변경은 어느새 우리만의 선택이 아니라 하나님의 인도하심까지 동시에 작용하였다. 하나님을 아버지로 둔 사람들이 무엇 하나 아버지의 도우심 없이 할 수 있는 일이 있을까. 하나님은 우리에게 이번에는 금식기도를 요구하셨다. 마음 가득히 금식하며 기도하라는 하나님의 음성이 충만해질 무렵 우리는 하던 일을 멈추고 금식기도에 들어갔다.

기한을 정하고 기도하였으나 하나님의 마음을 알아차릴 수 없었다. 그런데 우리가 정한 기한이 꼭 다 차던 날 안면만 튼 어느 분과 전화를 하다가 비로소 하나님이 예비하신 일을 발견하였다. "버스카페를 한번 해 보세요." 그는 버스카페를 추천하면서 일을 시작하는데 필요한 모든 절차와 준비를 깔끔하게 처리해 주었다. 그가 직접 가져다준 버스는 스쿨버스로 쓰던 차였다.

'해 뜨는 언덕'은 이렇게 탄생했다. 목도 좋았다. 막 카페를 오픈할 무렵에 S자 모양의 굽은 도로를 직선으로 펴기 위해 산을 깎았는데, 그러는 와중에 700평 넓이의 광장이 생겨나 수십 대의 차들이 주차할 수 있게 됐다. 그야말로 간이 휴게소인 셈이다. 금식기도까지 시키면서 여기까지 오게 하신 하나님의 특별한 배려를 느낄 수 있었다.

'해 뜨는 언덕'의 메뉴는 커피 우동 라면 계란 음료 차 등이었다. 제철에 나는 과일도 구할 수 있었다. 제법 벌이가 되었다. 그때부터 나는 다시 미래를 두고 한 기도들을 하나씩 구체적으로 챙기기 시작했다. 남편이 목회자가 되어 하나님과 하나님의 백성들을 섬기겠다는 약속도 보다 구체화하였다. 우리의 기도제목은 아주 명확하였다.

"주님, 우리 가게의 한 달 수입이 50만 원만 되면 신학을 시작하겠습니다."

첫 달에 49만 8천 원의 수입이 나왔고, 그 다음 달에 드디어 50만 2천 원에 도달했다. 비로소 때가 꽉 찬 것이다. 하나님과 약속한 대로 남편은 야간신학교에 입학했다. 학교는 차로 가더라도 두 시간 거리에 있었다. 수업이 일곱 시였으므로 다섯 시에는 출발해야 했다. 그때까지 카페에서 일하다가 대충 씻고 가더라도 바빴다. 그렇게 헐레벌떡 학교에 갔다가 수업을 마치고 돌아오면 자정 무렵이었다.

힘들었을 텐데도 그이의 얼굴은 예전보다 더욱 밝았다. 한 걸음 그렇게 앞으로 나아간다는 건 무엇보다 기쁜 일이었던 게다. 혼자 그 먼 거리를 오가면 혹시 포기라도 할까 봐 함께 차를 타고 가는 '카커플'도 두 사람이 생겨서 꼼짝 없이 비가 오나 눈이 오나 움직여야 했다.

'해 뜨는 언덕'은 그렇게 우리 앞길에 작은 햇살이 되어 주었고, 기댈 언덕이 되어 주었다. '해 뜨는 언덕'에 다다르기까지 우리는 얼마나 힘들고 고단한 시간을 보냈는지 모른다. '해 뜨는 언덕'에서 우리는 그렇게 잠시 안식할 수 있었다.

"주일은 쉽니다"

'해 뜨는 언덕'은 바다가 내려다보이는 경치 좋은 7번 국도변에 자리하고 있다. 무엇보다 여름에는 바닷바람이 시원한데다가 수십 년 된 포플러들이 넓은 그늘을 만들어 주었으므로 지나는 여행객이나 화물트럭 기사들에게 잠깐 쉬어갈 만한 쉼터였다. 마땅한 휴게소도 없어서 장사하기엔 그만이었다. 버스카페 건너편에서는 차에다 과일을 잔뜩 싣고 와서 상주하다시피 하며 과일을 팔았는데, 처음엔 한 사람이었다가 나중엔 몇 사람이 더 늘어나는 바람에 자리다툼까지 할 정도였다.

무엇보다 휴일 장사가 가장 큰 수입이 되었다. 여느 때보다 두세 배나 더 벌 정도였다. 주일을 비롯해 휴일에는 더 많은 사람들이 이곳으로 장사를 하기 위해 몰려들었다. 하지만 '해 뜨는 언덕'은 주일에 쉬었다. 작은 버스카페 앞에는 '주일은 쉽니다.' 라는 문구가 새겨진 아크릴 팻말이 붙어 있다. 이렇게 해야 손님들이 헛걸음하지 않기 때문이다. 또 혹시나 장사가 잘되는 데 현혹되어 주일에 슬그머니 버스카페 문을 열까 말까 갈등하는 것도 미리 차단하고 싶었다.

하루하루 먹고 살 걱정을 해야 할 그때, 우리는 가끔 "예배를 안 드리는 것도 아니고 교회에 갔다 와서 오후에 장사한다고 뭐 그리 큰 문제가 될까?" 하고 말했다. 게다가 해변은 여름 한철이 대목이어서 여름의 주일 하루 수입은 생각보다 클 게 뻔했다. 특히 주중에 비라도 내려서 수입이 제대로 없을 때는 주일 장사가 그렇게도 아쉬웠다.

하지만 이렇게 조금씩 마음을 갉아먹기 시작하면 어느새 우리는 주일에도 문을 열고 장사를 할 것처럼 보였다. 그 마음을 봉쇄하는 가장 좋은 방식이 이렇게 대놓고 주일에 쉰다고 선포하는 것이었다.

"예수에 미쳤네, 미쳤어!" 동네 사람들은 그렇게 말했다. 아마 자기들끼리는 손가락질을 했을지 모른다. 하지만 우리는 주일에 문을 닫아서 손해를 보았다면 그만큼 평일에 채워 주실 분이 우리 주님이라고 굳게 믿었다. 주님께서 채워 주시는 방식이 우리가 생각하는 그런 방식이 아닐지라도 우리에게 궁극적으로 유익을 주실 분이라고 믿었다.

이틀이 멀다 하고 '해 뜨는 언덕' 앞을 지나다니던 어느 장로님은 삼척 읍내에서 큰 여관과 목욕탕을 운영하는데, "나는 한 번도 주일에 쉴 수가 없었는데 집사님은 참 대단하십니다."라며 우리의 선택을 부러워하였다.

아이들에게 생겨난
귀한 믿음

· 저녁이면 자동차에서 떼 낸 낡은 배터리를 충전하여 오두막 방 안에 5촉 전구로 불을 밝혔다. 멀리 바다가 내려다보였고, 한밤중엔 그 바다에 떠 있는 오징어잡이 어선이 환한 별처럼 아름답게 빛났다. 은하수를 금방 손으로 잡기라도 할 듯 별빛이 쏟아졌고, 가끔 멀리 차도를 지나는 자동차 불

빛이 깜빡이는 별빛인 양 반짝였다. 그렇게 우리의 오두막은 외지고도 아름다운 곳이었다.

수요일이 되면 남편은 학교에서 일찍 돌아와 수요예배에 참석했다. 그럴 때는 어쩔 수 없이 오두막에 아이들만 남겨두고 다녀와야 했는데, 어느 날은 아찔한 상황을 맞기도 했다. 예배를 마치고 서둘러 캄캄한 산길을 헤쳐 오두막에 도착했을 때였다. 아이들이 우리를 반기며 말했다.

"하나님이 우리 기도를 들어주셨어요."

"무슨 소리야? 무슨 일 있었니?"

고은이가 상기된 표정으로 대답했다.

"엄마, 배터리가 다 닳아서 불빛이 희미해지는 거예요. 너무 무서워서 동엽이랑 함께 기도를 했어요. '하나님, 엄마 아빠가 오실 때까지 저 불빛이 꺼지지 않게 해 주세요.' 하고. 그랬더니 아직까지도 불빛이 안 꺼졌어요. 신기하죠?"

지금 생각하면 하나님께서 그런 시간을 보내게 하면서까지 아이들에게 하나님을 의지하는 신앙을 심어 주셨구나 하고 감사할 일이지만, 그 말을 듣는 그때엔 얼마나 마음이 아팠는지 모른다. 그 칠흑 같은 어둠이 얼마나 무서운지 잘 아는 아이들이었다. 그 불빛 때문에 맹수들도 오두막 가까이 다가오지 못했다. 그런데 배터리가 방전이 되어 가는 걸 지켜보면서 아이들이 얼마나 두려웠을까 생각하면 마음이 쓰라렸다.

남편은 아이들을 보면서 늘 고백했다. "아빠는 너희를 지키는 사람이야. 너희를 지키기 위해서는 어떤 용기도 낼 수 있어." 그런 아빠였으므로 이튿날 날이 밝자마자 곧장 한전으로 달려가서 전기와 전화를 가설할 수 있는 방법을 캐물었다. 하지만 우리는 그때 빈손이었다. 그러므로 아이들을 지키기 위해 태어난 아빠는 언감생심 전깃불을 오두막까지 가져오지 못한 채 발걸음을 돌리고 말았다. 그저 한전 직원들이 한 말을 가슴에만 담을 뿐이었다. "그 오두막이 위치한 지역은 예외지역이라 무려 1,200만 원이 들어야 가설이 됩니다."

이제 우리가 할 수 있는 일이라고는 넷이 함께 손잡고 기도하는 것뿐이었다. 그런데 놀랍게도 기도를 드리기 시작한 지 4개월 후, 400만 원이 들어야 한다던 전화는 전액 전화국이 부담하여 놓아 주었고, 전기는 100만 원의 비용만으로 가설해 주었다. 무엇보다 감사한 것은 우리 아이들은 아직도 하나님이 우리 기도를 들으셔서 전화와 전기를 놓아 주셨다고 간증한다. 우리는 전화와 전기가 설치된 것보다 더 귀한 것이 바로 아이들에게 생겨난 그런 믿음이라고 믿는다.

가정예배의 추억

오두막에서의 추억은 언제나 행복을 가져다준다. 무엇보다 가정예배의 추억은 특별했다. 남편이 예배를 인도할 때는 성경을 읽은 뒤 짧게 설교를 했다. 설교가 끝나면 어린 동엽이부터 고은이, 나까지 돌아가며 기도한 뒤 남편이 마무리했다.

그러나 남편은 2000년부터 2년 과정의 신학교에 입학해서 첫 1년 동안은 기숙사 생활을 해야 했으므로 오두막에서는 나머지 세 식구만 남아 오붓하게 가정예배를 드렸다. 우리는 찬송을 많이 불렀다. 그리고 성경을 읽은 뒤 동엽이 고은이 나 순서로 기도를 했다. 가끔 내 기도가 길어지면 동엽이는 엎드려서 잠이 들어 버렸다. 하루는 엄마의 마지막 기도에 불만이 생긴 동엽이가 따졌다.

"왜 제가 제일 먼저 기도해야 해요? 제가 마지막으로 할 게요."

"그러면 네가 예배를 인도해야 하는데, 그렇게 할래?"

"네. 그러지요, 뭐."

그날부터 우리는 돌아가면서 예배를 인도했다. 순식간에 우리 집에는 예배 인도자가 네 사람이 되었다. 마지막 기도를 할 때 졸지 않기 위해 우리는 손을 꼭 잡고 기도하기로 했다. 아이들은 내가 기도를 시작하면 빨리 끝내라는 신호를 보냈다. 하지만 나는 한 번도 그 신호에 흔들리지 않았다. 그때 아이들에게는 기도를 짧게 하고 길게 하는 게 그렇게 큰 문제였던 모양이다.

하지만 우리 부부에게도 아이들에게도 오두막의 예배 풍경은 마음속에서 꺼지지 않는 등불 같다. 정말 놀라운 건 그때 우리가 함께 기도한 것을 하나님께서 늘 응답해 주셨다는 사실이다. 때로는 하도 응답이 빨라 우리조차 깜짝 놀랐다.

하나님을 배워 가는 소중한 학교

오두막이 위치한 곳은 습하였다. 그러다 보니 몸길이 10에서 15cm나 되는 지네가 방에서 자주 발견되었다. 하루는 이런 지네 때문에 큰일을 겪어야 했다. 저녁이었다. 아이들 아빠는 야간신학을 하느라 강릉으로 가 버린 뒤였다. 아이들과 잠을 자려고 누웠는데 고은이가 다급한 목소리로 소리쳤다.

"엄마, 뭐가 내 머리를 당기는 것 같아요."

뭔가 싶어 둘러봐도 아무것도 보이지 않았다.

"아무것도 없는데? 괜찮아. 잘 자라."

다시 누웠는데 순간 고은이가 비명을 질렀다. 자세히 보았더니 몸길이가 15센티미터나 되는 지네가 고은이 손가락 끝에 대롱대롱 매달려 있었다. 지네를 많이 보았지만 지네에게 물린 건 처음이었다. 고은이도 지네에게 물리면 독이 퍼져서 생명이 위험하다는 소리를 들었으므로 "엄마, 나 이제 죽는 거야?" 하며 울부짖었다.

그 밤에 차도 없으니 움직일 수도 없고, 걸어가더라도 읍내 병원까지 도착할 때쯤이면 독이 온몸으로 퍼질 게 뻔했다. 어쩔 수 없이 혹시나 하는 생각으로 보건소에 전화해 상황을 설명하고 도움을 요청했다. 하지만 이 캄캄한 밤에 오두막까지 오려면 꽤 시간이 걸릴 것이었다. 하늘이 무너지는 듯했다. 캄캄한 밤이 더욱 캄캄했다. 고은이는 이제 자신이 죽을지도 모른다고 여겼는지 유언을 하기 시작했다.

"엄마, 나 잘못한 거 많지? 용서해 주세요. 엄마, 그리고 나 천국 가겠지? 그러면 우리 천국에서 또 만나는 거죠?"

그 순간 나도 이 예쁜 아이를 이렇게 떠나보내야 하는가 싶어 눈물이 범벅이 되어 흘렸다. 그래도 아이의 물음에는 대답을 해 줘야 할 것 같았다.

"고은아, 엄마는 네가 엄마 딸이어서 너무 행복했어. 난 고은이의 엄마였던 게 자랑스러워."

다행히 보건소 소장님이 화급히 달려와서 응급처치를 해 주었고, 덕분에 고은이는 지금까지 건강하게 살아왔다.

오두막은 그렇게 우리에겐 하나님을 배워 가는 소중한 학교였다. 윌리엄 폴 영의 소설 〈오두막〉처럼 우리의 오두막에서도 하나님에 대한 깊은 신앙의 고백들이 만들어졌다. 윌리엄은 〈오두막〉에서 "말할 수 없는 고통으로 가득한 세상에서 하나님은 도대체 어디에 계시는가?" 질문했다. 오두막은 바로 그 질문이 해결되는 공간이었다. 그래서 오두막은 "어두운 시대의 절망을 이겨 내는 가족의 거처이며 영혼의 거처이고, 우리 마음속에서 허물어져 가는 사랑과 용서가 복원되는 공간"(이어령 박사)이 되는 셈이다.

우리의 오두막도 그런 공간이었을 것이다. 오두막에 오기까지의 1년이 지독하게도 힘겨워서였을까? 오두막에서의 시간들은 오히려 평화롭게 와 닿는다.

아, 산불!

영동지역 주민들이라면 2000년 4월을 잊지 못한다. 그해 봄이 오는 길목은 심한 가뭄으로 타 들어갔다. 그 가뭄을 태우며 산불이 일어났고, 삼척부터 고성까지 동해안 대부분의 산이 일주일이 넘게 화마에 시달렸다. 끄고 돌아서면 다시 발생하는 산불 때문에 발만 동동 굴렀다. 지금은 10년도 넘게 세월이 흘렀지만 여전히 화마의 흔적을 찾을 수 있을 만큼 어마어마한 재앙이었다.

산불이 난 삼척 궁촌은 우리 오두막에서 자동차로 20분 거리였다. 불이 일어나 오두막을 향해 빠른 기세로 타 들어오던 그 시각, 남편과 나는 버스카페에서 일하고 있었다.

"여보, 산불이 난 것 같아."

그이가 그렇게 말할 때까지만 해도 우리에게 그것은 강 건너 불이었다. 실제로 불이 타 오는 방향으로 작은 시내가 있어 불이 건너오지 못할 거라고 안심했다. 그러나 불은 빠른 속도로 오두막을 향해 다가오고 있었다. 그이는 작은 시내가 있는 쪽으로 가 보겠다며 지나는 차를 세워 타고 갔다.

"불이 시내를 넘어왔어. 오두막이 탈 것 같아. 내가 가 봐야겠어."

한참 후에 돌아온 남편의 얼굴은 상기되어 있었다.

"큰일이네! 어떡하지?"

이제 내 마음도 조급해졌다. 오두막은 버스카페가 있던 도로에서 산속으로 한참을 들어가야 하는 외딴곳에 있었다. 우리가 달려가더라도 이 불의 속도라면 오두막을 집어삼킨 뒤에야 도착할 게 뻔했다. 오두막을 지을 때 폐자재들을 사용했으므로 오두막은 불을 만나면 기름처럼 탈 것이었다. 게다가 개와 병아리까지 키우고 있었다. 앞이 캄캄할 뿐이었다.

"여보, 집에서 꼭 가지고 나와야 할 물건이 있어?"

가지고 나올 물건? 그런 게 뭘까? 그런 걸 생각해서 결정할 여유가 내 안에는 이미 불타 버리고 없었다. 머릿속이 더욱 호들갑스러웠다. 산불이 나는 바람에 학교마다 아이들을 일찍 하교시켰으므로 다행히 우리 가족은 모두 버스카페에 모여 있었다.

"글쎄, 모레가 주일이니까 예배드릴 때 입을 옷 한 벌 하고 성경가방이 필요하긴 한데… 그렇지만 다 타 버렸을 텐데…."

그러고 보니 불에 집이 타더라도 옷 한 벌과 성경가방 외엔 별로 떠오르는 물건이 없었다. 아까울 게 없는 인생이었다. 모든 인생이 그런 걸까? 아니면 우리만 그런 인생을 살았던 것일까? 하지만 그 순간만은 오히려 우리의 가진 것 없는 살림살이가 감사하였다. 정말이지 다시 생각해도 꼭 가지고 나와야 할 귀중한 물건은 없었다.

남편이 오두막으로 올라간 지 한참이 흘렀다. 남편은 다행히 불길을 헤치고 오두막으로 들어갈 수 있었다. 가스통을 치우고 집 안에서 내 성경가방과 옷 한 벌을 얼른 챙긴 뒤 불길을 뚫고 밖으로 뛰쳐나왔다. 남편이 우리가 기다리던 7번 국도의 버스카페까지 나왔을 때는 이미 버스카페 쪽도 불붙기 일보 직전이었다.

우리는 기도하기 시작했다. 우리가 할 것이라고는 기도뿐이었다. 아이들은 버스와 집을 지켜 달라고 기도했다. 버스와 집, 그것은 우리가 가진 모든 재산이었다. 불이 타 들어오는 걸 눈앞에서 보고도 아이들은 그렇게 기도할 수 있었다. 하지만 나는 그렇게 기도할 수 없었다. 집이 불에 탈 것은 불을 보듯 훤했다.

"주님! 우리 오두막이 불에 타는 일이 하나님의 영광을 가리는 일이라면 태우지 마십시오."

그렇게 기도할 때 하나님께서 잠깐 동안 내게 놀라운 환상을 보여 주셨다. 뜨겁고 거센 불길이 화장실만 태울 뿐 오두막은 태우지 못하는 환상이었다.

"여보, 하나님께서 우리 오두막을 지켜 주실 거예요. 걱정하지 마세요."

나는 남편을 위로했다. 그러나 그런 위로도 잠시 불길은 이제 버스카페까지 태울 참이었다. 우리는 일단 교회로 몸을 피했다. 산 아래 위치한 교회 주변까지 불씨들이 날아왔다. 남편은 고무호스를 수도에 연결해 교회 주변의 불을 끄면서도 눈은 우리 오두막이 있는 산속을 자주 쳐다보았다. 엄청난 불길이 산등성이를 핥으며 오르고 있었다. 집 한 채가 타는 것 같았다. 거기엔 우리 오두막 한 채뿐이었다. 당연히 우리 집이 타는 광경이었다.

저녁이 되자 그이와 나는 다시 기도를 하기 위해 예배당 마룻바닥에 엎드렸다. 오래된 바닥의 냄새가 코끝으로 스치는 순간 뜨거운 눈물이 뚝 떨어졌다. 지금까지 살아오며 그렇게 많은 눈물을 흘렸는데도 여전히 마르지 않았나 보다. IMF가 터지고 모든 일이 막혀 빈손으로 여기까지 왔는데, 지금 하나님은 다시 빈손으로 돌아가게 하시는 것이었다. 하나님을 향한 원망도 원망이지만 우리 인생이 한없이 처량했다.

한참을 흐느낀 뒤에야 예배당에서 밖으로 난 창문을 통해 오두막이 있는 산 쪽을 바라보았다. 여전히 거대한 불길이 그 일대를 휩싸고 있었다. 우리의 오두막은 그 무시무시한 불길에 비하면 티끌에 불과했다. 하지만 이제 마음은 오히려 평안했다. 신비한 평화로움이었다. 이미 모든 것을 포기해 버렸기 때문일까? 어쨌든 이제 다시는 볼 수 없는 오두막이었다.

이튿날이 밝아서야 우리는 오두막으로 오를 수 있었다. 들어서는 길목에서부터 완전 폐허가 따로 없었다. 시커멓게 타 버린 나무들 사이로 우리 오두막이 보였다. 놀라운 광경이 펼쳐졌다. 우리는 눈을 의심했다. 화마가 지나간 자리 사이로 우리 오두막이 그대로 보존되어 있었다. 오두막 앞에서 우리는 깜짝 놀랐다. 너무나 신비로운 장면이었다.

화장실과 창고는 형체를 알아보지 못할 정도로 타 버렸는데 오두막은 그대로였다. 집을 지키던 개가 우리를 향해 소리 내어 짖었다. 어제 잠시 들렀을 때 불길 사이로 하도 급히 나오느라 목줄도 풀어주지 못해 불에 탔으리라 생각했다. 게다가 개집에 있던 개들까지 털 끝 하나 그을지 않았다. 닭도 그랬다. 닭이 품었던 계란이 숯으로 변했는데 계란을 두고 달아난 어미닭들과 병아리들은 한 마리도 상하지 않은 채 그대로였다.

집 옆에 알루미늄 섀시를 세워 두었는데, 1800도가 되어야 녹는다는 그 금속이 녹아서 죽이 될 만큼 뜨거운 불길이었다. 그런데도 오두막은 그대로였다. 도무지 이해할 수 없는 장면이었다. 집으로 들어오는 전선조차 집 앞 30센티미터 지점까지 타다가 멈추어 있었다.

집 주변에는 여전히 바람만 불면 다시 불꽃이 일어나는 불씨들이 남아 있었다. 우리는 양동이에 물을 채우고 집 주변의 산을 오르내리며 불씨를 끄느라 정신이 없었다. 집 주변을 얼마나 오갔는지 나중엔 밤하늘에 뜬 별빛을 향해서도 물을 부을 뻔했다. 그렇게 지친 하루를 보낸 뒤 우리는 오두막에 그대로 뻗어 잠이 들었다.

네모반듯하게 그어 놓은 선

더 놀라운 장면을 발견한 건 그렇게 또 하루가 지난 뒤였다. 아침에 먼저 일어나 집 주변을 둘러보던 나는 소리치듯 말했다.

"어머나! 집 주변이 네모반듯하게 선이 그어져 있어요. 두부모 같아요."

남편과 아이들이 모두 달려 나와 오두막 주변을 자세히 살펴봤다. 내 말 그대로였다. 오두막을 가운데 두고 마치 자로 잰 듯 네모반듯한 선이 그어져 있었다. 그러니까 그렇게 거센 불길이 네모 난 선을 침범하지 못한 채 그 밖으로만 태웠을 뿐이었다. 마치 불에 타지 않는 유리벽이 그 네모 난 선 위로 굳세게 존재한 것 같았다.

"하나님이 지키셨다고 말씀하시네요!"

"맞아! 하나님이 우리 기도를 들으셨어!"

우리는 어안이 벙벙하여 모두 그렇게만 말했다. 아무 말도 할 수 없었다. 내가 지켰어, 그렇게 뚜렷이 말씀하시는 하나님 앞에서 우리는 정작 아무 말도 할 수 없었다. 하나님의 배려는 얼마나 놀라운지 그 네모 상자 안에 당장 먹을 채소 한 줄이 남아 있었다. 뒤쫓아 오는 이집트 군사들을 뒤로 한 채 거대한 바다의 벽이 생겨난 홍해의 장관이 이러했을까? 오늘 우리 오두막을 이렇게 지켜 내신 하나님이시라면 홍해인들 못 갈랐을까? 아! 하나님!

무엇보다 우리 네 식구에게는 하나님을 너무나 뚜렷이 체험한 시간이었다. 이렇게 가족이 함께 하나님이 살아 계심을 발견하고 함께 입으로 시인한다는 건 얼마나 큰 복인가. 사람이 일생을 살아가며 누리는 복 가운데 이보다 더 큰 복이 있을까? 이스라엘 백성들이 홍해를 건넌 뒤에 비로소 출애굽을 완성하고 광야의 여정에 들어간 것처럼, 우리에게도 그해 일어난 산불의 기억이 새로운 날을 여는 경계의 시간처럼 남았다.

기적은 7번 국도변의 버스카페 '해 뜨는 언덕'에서도 일어났다. 불길이 산 밑까지 내려와 버스와 불과 2, 3미터 거리에서 멈췄고, 불길은 도로를 훌쩍 건너뛰어 다시 산으로 향했다. 불길이 버스를 덮치더라도 우리는 어쩔 수 없는 형편이었다. 경찰과 소방대원들이 버스를 다른 데로 옮기라고 거듭 지시했지만 버스는 오랫동안 시동을 걸

지 않아 배터리가 방전된 상태였으므로 꼼짝없이 불에 타는 것을 지켜볼 수밖에 없던 터였다.

그런데 하나님께서는 우리의 추억이 어리고 생계가 달린 버스카페를 아이들의 기도대로 온전하게 지켜 주셨다. 모든 것이 기적이었고, 하나님이 살아 계심을 우리에게 말씀하시는 방식이었다.

산불이 가져다준
네 가지 특별한 이야기

산불이 가져다준 복은 그 후에도 몇 차례 계속됐다. 여기에는 네 가지 특별한 이야기가 있다.

첫 번째 이야기-성지순례

남편은 오두막에 살면서 2년 과정의 신학원을 이수했는데, 졸업여행으로 성지순례를 갈 기회가 생겼다. 그러나 9박 10일 여정의 여행경비가 만만치 않았다. 그때 돈으로 193만 원, 결코 적지 않은 비용이었다. 남편은 오래 전부터 이스라엘 성지들을 여행하고 싶어 했으므로 가능하면 포기하고 싶지 않았다.

하지만 그 당시 우리 통장은 바닥을 치고 있었는데, 바로 그때 산불에 대한 피해보상비가 나온 것이었다. 보상비 금액을 알고 나서는 더욱 놀랐다. 1,930,060원!

"여보, 하나님께서 내가 성지순례 가고 싶다고 고집을 피우니까 그저 귀엽게 봐 주시는 것일까?"

그이는 보상금을 받아들고서 함빡 웃음을 머금은 채 그렇게 말했다. 주님께서 보내 주시는 여행이었다. 산불의 기억은 그렇게 또 우리 가족을 행복하게 해 주었다.

두 번째 이야기 - 댐 공사

고요했던 오두막 주변은 큰 산불이 지나간 뒤 불에 탄 나무들을 베어 내고 어린 나무를 심느라 사람들로 제법 붐볐다. 우리가 살던 곳은 상류라 비가 오면 늘 물소리가 크게 들리고 바윗돌 굴러가는 소리가 하도 커서 그럴 때마다 밤잠을 설쳐야 했다. 또 집 옆으로는 시내가 흐르는데, 홍수가 나면 물이 범람해 몸을 피한 적이 여러 번 있었다. 이 때문에 우리는 비가 오면 언제나 밖을 내다보며 걱정하느라 밤을 뜬눈으로 지새운 적이 많았다.

그러던 어느 날이었다. 집으로 들어오는 입구에 공사가 시작됐다. 댐을 만드는 공사였다. 큰 댐이 아니라 작은 돌들을 큰 철골관에 채워 둑을 만드는 공사인데, 이렇게 되면 비가 많이 내려도 빗물이 이 철골관을 통과하게 되어 한꺼번에 휩쓸려 내려오는 사태를 막을 수 있다는 것이었다. 그러나 이 공사를 진행하는 공학박사라는 팀장조차도 자신이 공사를 떠맡았으면서도 고개를 갸우뚱거렸다.

"도대체 이해할 수 없는 공사예요. 이곳에다 6,000만 원씩이나 들여 작은 댐을 만드는 까닭이 뭔지…."

그는 그 까닭을 모르더라도 그 공사로 가장 큰 이득을 누리게 될

쪽은 바로 우리 집이었다. 분명 우리에겐 너무나 큰 이유가 있는 공사였다.

"하나님께선 산불 하나를 가지고도 여러 가지 일들을 펼치시네요. 다목적 산불인가 봐요."

우리 오두막을 누구보다 사랑하시는 분이 하나님이신 걸 이런 통로로도 알려 주셨다. 공사를 하는 사람들조차 알 수 없었지만 그것은 하나님의 손 안에 놓인 계획이었다. 그리고 그 계획의 가장 큰 수혜자는 바로 우리 가족이었다.

물론 우리 가족도 하나님의 이런 과분한 사랑을 이해할 수는 없다. 어디 하나 그런 사랑을 받을 만한 아무런 자격이 없다. 풍성하게 베풀어 주시는 은혜에 그저 할 말을 잃고, 오랫동안 이 일을 생각하며 네 식구가 함께 손을 잡고 감사 기도를 드릴 뿐이다.

그 후 우리는 비가 아무리 내려도 더 이상 밤을 지새우며 염려하지 않았다. 하나님의 세밀한 은혜였다. 사랑하는 자에게 잠을 주신다 하셨던가.

세 번째 이야기 - 시어머니

시어머니는 청각이 나빠 4급 장애 판정을 받으셨다. 늘 보청기를 끼지만 목이 쉴 정도로 소리를 높여야 들리신다. 나는 그런 시어머니께 목이 쉴 정도로 소리를 지르며 전도했다. 하지만 아무리 말씀을 드려도 어머니는 절에 나가실 뿐 교회는 생각조차 하지 않으셨다.

"너희는 예수 믿고 천국 가고, 나는 부처님 믿고 극락 갈란다."

어머니는 그렇게 말씀하실 뿐이었다.

나는 나중에 전도 편지를 쓰기 시작했다. 편지는 항상 '사랑하는 어머니께'로 시작했다. 그러나 나는 어쩌면 억지 사랑을 하고 있었는지도 모르겠다. 천사의 말을 하더라도 사랑이 없으면 아무 소용이 없는 법인데, 나는 전도를 한답시고 공허한 사랑을 말하는 게 마음 아팠다. 그래서 어머니께 전도를 하는 것도 중요하지만 무엇보다 먼저 어머니를 사랑하게 해 달라는 기도가 언젠가부터 내게 절실한 기도 제목이 되었다.

바로 그때가 산불이 난 그해 초봄이었다. 아들과 손자 손녀가 어찌 되었나 싶어 달려오신 시어머니는 오두막을 중심으로 불에 탄 현장을 바라보면서 그 마른 눈으로 눈물을 흘리며 말씀하셨다.

"너희들이 믿는 너희 하나님이 이렇게 보호하셨구나."

그리고 남편과 내가 그렇게도 바라던 한 말씀을 하셨다.

"나도 이제부터 교회 갈란다!"

40년 넘게 다니던 절에 발길을 끊으시고 그때부터 교회에 다니신 어머니는 얼마 전에 집사 직분을 받았다며 집으로 전화를 하셨다.

네 번째 이야기 - 고물 할아버지

언제부턴가 남편의 자동차엔 고물이 가득 실리기 시작했다. 찌그러진 냄비부터 온갖 쇠붙이들이 내가 앉을 자리까지 차지했다. 양복을 입고 있을 때도 고물이 보이면 차를 세우고 고물장수처럼 쇠붙이들을 자동차에 실었다. 남편이 고물을 수집하게 된 까닭은 고물장수 김만호 할아버지와의 만남 때문이었다. 할아버지 벌이를 조금이라도 돕겠다며 자신도 고물장수처럼 쇠붙이를 보면 그냥 지나치지 않았던 것이다.

할아버지는 우리에게 참 고마운 어른이셨다. 할아버지의 마음을 잘 보여 준 특별한 사건이 있다. 비가 많이 오는 어느 날이었다. 캄캄한 밤은 더욱 어두웠다. 남편은 강릉에 있는 야간신학원에서 수업을 듣고 있었는데 수요예배를 드리기 위해 삼척으로 내려왔다. 내려오는 길에 할아버지께 전화를 했다. 며칠째 편찮으시다는 소식을 들어 문안인사를 하려던 참이었다. 그런데 할아버지는 마침 그때 출타 중이셨던 모양이다. 그이는 다시 할아버지 옆집에 전화를 하여 할아버지가 돌아오시면 전화 부탁드린다고 연락해 두었다.

남편은 그길로 집으로 돌아와 아이들과 함께 있는데, 밖에서 개 짖는 소리가 났다. 누굴까 궁금하여 내다보니 깡마른 할아버지가 몽둥이 하나를 들고 비를 맞으며 걸어오셨다. 김만호 할아버지셨다. 산 아래에 차를 세워 두고 오두막까지 멀고 험한 길을 편찮으신 몸으로 걸어오신 것이었다. 할아버지는 남편을 보자마자 "아무 일 없어?" 하고 놀란 듯 물으셨다.

"네, 할아버지. 그런데 무슨 일 있으세요? 이 밤에 여기까지 오시고…."

"다행이야. 나는 또 자네 집에 무슨 일이라도 생겼나 싶어 이렇게 달려왔지."

그렇게 우리 가족을 아끼시던 할아버지셨다.

바로 그 김만호 할아버지는 산불이 난 뒤 우리 오두막을 둘러보시고는 놀란 표정을 지으며 말씀하셨다.

"정말이지 자네가 말한 그 하나님이 살아 계시는구먼."

그 이후 할아버지는 주일마다 교회에 나오셨다.

가장 큰 산불이 강원도 어딘가에서 일어났다는 사실을 사람들은 기억한다. 그 큰 산불의 기억 속에는 사람들이 알지 못하는 또 하나의 이야기가 있다. 삼척의 어느 산골 오두막을 지키신 하나님의 동화 같은 이야기가 그것이다. 우리 가족이 하나님이 살아 계심을 눈으로 만난 그 이야기가, 강원도의 산불을 기억하는 모든 이들에게 함께 기억되기를 소망해 본다.

관리 집사가 되어

아무도 미래를 알지는 못한다. 그렇다고 미래에 펼쳐질 하나님의 뜻이 무엇인지를 찾는 데 게을러선 안 된다. 우리는 하나님의 의도를 포착하기 위하여 늘 긴장해야 하며, 세미한 하나님의 음성에도 민감하게 귀 기울일 수 있어야 한다. 하나님께서는 우리에게 자주 말씀하시지만 우리는 주목하지 않거나 대수롭지 않게 지나쳐 버리곤 한다. 그래서 순종해야 할 때를 놓치기도 하고, 순종의 복을 뒤늦게야 발견한다. 순종한다는 것은 어떻게 보면 하나님을 향해 우리의 귀와 눈과 마음을 열어 두는 일이다.

남편은 그런 점에서 누구보다 하나님의 말씀에 귀 기울이기 위해 집중하는 사람이다. 흘러가는 바람 한 점에서도 자신을 향한 하나님의 말씀이 무엇인지를 읽고자 애쓰는 모습이 그이에게는 습관처럼 뚜렷하다. 하나님께서 주신 말씀이란 확신이 들면 그이는 민첩하게 태도를 결정한다. 하지만 때로 그의 결심은 가장 가까이 있는 내가 보기에도 무모하다 싶은 경우가 많다. 그해도 그랬다. 새해를 맞아 열리는 신년부흥회에서 남편은 관리집사로 교회를 섬기라는 주님의 음성을 포착했다.

"관리집사라구요? 관리집사가 하는 일이 뭐예요?"

"나도 잘 몰라. 하면서 배워야지."

관리집사가 어떤 일을 하는지도 모른 채 그이는 그저 주님의 말씀이 지시하는 곳으로 우선 발걸음부터 옮기고자 했다. 이튿날 '해 뜨는 언덕'으로 음료수와 차를 납품해 주시는 장로님이 그 대답을 해 주셨다.

"장로님, 관리집사는 뭘 하는 집사예요?"

"하는 일이 많지. 예배당을 관리하고 차량도 운행해야 하거든."

"관리집사를 하면 교회에서 어떤 대우를 해 주나요?"

"사택이 있고 급여에다 보너스도 있지 아마? 가만 있자, 우리 교회 관리집사님이 그만두셔서 찾고 있는데 누구 좋은 사람이 있나?"

"네? 우리가 가면 안 될까요?"

남편이 관리집사 일을 해야겠다고 결심하는 순간 모든 과정은 이처럼 순식간에 진행되었다. 그러니까 꼭 사흘 만에 우리는 벌써 그

장로님이 섬기는 삼척중앙교회 관리집사가 되어 있었다. 하나님께서는 관리집사의 일에 대해 우리가 자세히 알게 되면 뒷걸음질이라도 칠까 봐 그러셨을까? 이런저런 고민을 해 볼 여유도 주시지 않고 일사천리로 몰아가셨다. 이미 하나님께서 그렇게 우리 길을 만들어 두신 듯했다. 주님께 귀 기울여 말씀을 듣고 따르고자 할 때, 사실은 그 순간부터 하나님의 길에 접어드는 셈이다. 순종하면 형통할 수밖에 없는 까닭도 그래서이다.

우리는 사흘 동안에 일어난 이야기를 출석하던 교회 목사님께 말씀드렸다. 권사님과 장로님들은 우리 부부의 손을 꼭 잡고 눈물까지 흘리면서 회유하셨다. "힘든 일이니까 다시 생각해 봐." 그러나 우리 마음은 이미 정한 일이었으므로 흔들리지 않았다.

이사를 하루 앞둔 날, 제직들이 송별식을 겸한 저녁식사를 마련했다. 고마운 마음으로 우리는 즐겁게 저녁을 먹으며 아쉬운 이별을 했다. 식사 후 제직 중 한 사람이 마음을 담았다며 전별금도 건네주었다. 고마운 분들이었다. 그저 하나님을 아버지로 부르는 사람들끼리 만나서 이렇게 정들어 살 수 있다는 게 얼마나 아름다운 일인지 생각할수록 신비롭고 감사했다.

"여보, 이 전별금은 우리가 쓰기에는 부담스러우니 교회학교에 헌금하면 어떨까?"

돌아오는 차 안에서 남편이 그렇게 말했을 때 나는 단호하게 "안 돼요."라며 막았다. 나는 이사 갈 걱정이 컸으므로 하나님께 이사비용을 구하던 중이었다. 산속에 산다는 건 현금을 쌓아 두지 않고 산다는 뜻이다. '해 뜨는 언덕'을 운영했지만 아무래도 돈을 모으기엔 빠듯했다. 하지만 이사를 하려니 연료도 필요하고 먹을 쌀도 준비해야 했다. 나로선 하나님께 미리 필요한 만큼만 '청구'해 둔 것이었다. 하나님은 전별금이란 이름으로 우리에게 그 비용을 마련해 주신 게 틀림없었다.

"아마 20만 원일 거예요. 제가 하나님께 20만 원을 청구해 놓았거든요."

"여보, 맞아. 꼭 20만 원이네."

내가 하나님께 구할 땐 무척이나 상세하게 구한다는 사실을 남편도 잘 알고 있었다. 그러나 나는 '20만 원'이란 액수도 구했지만 '누구를 통해서 주십시오.' 하고 뚜렷이 건네줄 대상까지 정해 두었다. 그것까지는 남편도 못 알아챘을 것이다. 나처럼 미련한 사람은 그렇게 해야 비로소 주님께서 하신 일이라고 깨달을 수 있으니 주님도 이해하시리라 믿는다. 그날 남편에게 전별금을 건네준 사람이 바로 내가 구한 그 사람이었다.

하나님은 그렇게도 뚜렷이 당신의 존재를 우리에게 드러내셨다. 그 살뜰한 관심을 이렇게 확인시켜 주실 때는 그동안 안절부절못하며 지새운 시간들을 한꺼번에 위로받을 수 있었다. 그 위로를 힘입어 또 앞이 보이지 않는 길이지만 주님이 지시하시는 곳으로 힘차게 걸어갈 수 있었다.

기도하는 그 한 사람으로

● 삼척중앙교회에서의 짧은 관리집사의 기억들 가운데 가장 특별한 것은 그해 여름 일어난 홍수였다. 태풍 '루사'가 삼척시를 온통 물바다로 만들어 버린 날이었다. 빗물이 하수도를 삼키자 정화조의 오물이 밖으로 역류하였고, 마침내 교회 지하 식당에까지 더러운 물이 넘쳐들 기세였다. 남편은 혼자서 물이 고이지 않도록 지하에서 물을 퍼내느라 정신이 없었다. 저녁부터 시작된 물 퍼내기 작업은 새벽까지 이어졌다.

"교회가 이렇게까지 난리인데 아무도 성전에서 기도하는 사람이 없네!"

물을 퍼내느라 파김치가 되어 가는 남편을 보며 나는 그렇게 중얼거렸다. 그 순간 "네가 기도해라." 하는 음성이 들리는 듯했다. '지금 이 순간에 나 같은 사람이 기도해서 되겠어요? 장로님 권사님이 기도해야지요?' 내 안에서는 원망이 치밀어 올랐던 것이다. 그 원망이 결국 하나님께로 향하고 있었다. 그러나 하나님은 다시 차분하게 나를 설득하고 계셨다. "나는 기도하는 한 사람을 원한단다. 다른 누군가가 기도해야 한다고 생각지 말고 네가 그 한 사람이 되어 주렴."

어느새 나는 그 '한 사람'이 되어 본당으로 들어가고 있었다.

"내일이 주일입니다. 이렇게 비가 오면 우리는 예배를 드리지 못합니다. 성전을 지켜 주십시오."

하도 간절하여 눈물이 났다. 관리집사이기에 우리는 주일 예배를 준비하는 일이 무엇보다 절실했다. 태풍이 불고 홍수가 나고, 그래서 어쩔 수 없이 예배당이 물에 잠기더라도 주일 예배를 드리지 못한다면 그 책임은 고스란히 우리에게 있는 듯했다. 예배를 준비하는 관리집사의 마음은 아무나 가질 수 없는 마음이었다. 지나고 보면 우리에게 그 마음을 주신 주님께 얼마나 감사한지 모른다.

나는 기도를 하다가 3층 유아실로 올라갔다. 잠시 후 남편이 들어와 쓰러지듯 누웠다. 새벽 세 시가 가까웠다. 그렇게 밀려드는 물을 어떻게 혼자 힘으로 다 퍼내겠다고 생각했는지, 처음부터 포기했어야 할 일이었다. 이제야 그걸 포기하고 들어온 남편이 불쌍하기도 하고 미련해 보이기도 했다.

"그래요. 우리 책임이 아니에요. 우린 할 만큼 했으니 염려 마세요. 포기하고 좀 더 일찍 오시지 그랬어요?"

"비가 그쳤어. 십 분 전에."

"아!"

그러니까 그때까지 남편은 팔이 마비될 정도로 빗물을 퍼냈고, 나는 기도하고 있었던 것이다. 결국 우리는 지금 탈진했지만 이 힘겨운 씨름에서 이겼다. 우리의 씨름은 누구를 대상으로 했던 것일까? 알 수 없었다. 하지만 우리는 끝내 다음 날 주일 예배를 지켜 낸 셈이다. 아니 하나님께서 우리에게 이 벅찬 기쁨을 선물하신 것이다. 실로 이 태풍과 홍수 속에서 아무도 맛볼 수 없었던 기쁨이었다.

다음 날 아침이 밝았을 때 사람들은 십 분만 더 비가 내렸어도 댐이 붕괴되어 삼척 전체가 물에 잠겼을 것이라고들 말했다. 무엇보다 그이가 밤새도록 물을 퍼낸 덕분에 우리 교회는 물 피해를 전혀 입지 않았다. 교회 바로 옆 아파트 지하는 물이 차서 사흘 밤낮을 대형 양수기를 동원해 퍼냈고, 얼마 떨어지지 않은 이웃 교회에서는 지하에 물이 차 거액의 피해를 입었다. 그러나 이들 건물보다 더 지대가 낮은 우리 교회는 물이 차지 않아 수해지역 봉사단에게 몇 달 동안 숙식을 제공하는 장소로 사용되었다. 이웃 건물들이 침수되어 마음이 아팠지만 그 때문에 우리는 교회로부터 큰 칭찬을 들었다. 보너스까지 받았으니 그날 밤의 수고는 오히려 기쁨이 된 셈이다.

내가 너에게 지시할 땅으로 가라

관리집사로 삼척중앙교회에 머물면서 우리는 여러 가지 기쁨을 누렸다. 무엇보다 그이는 우직하게 맡겨진 일들을 처리했다. 신학원을 졸업한 뒤 다시 학부과정인 신학대학에 편입했다. 그러면서도 그이는 꾀부리지 않는 성품으로 관리집사의 일을 성실하게 해 냈다. 교회에서도 인정을 받으며 얼마 지나지 않아 우리 가족은 성도들 사이에서 칭찬을 들으며 행복한 시간을 보낼 수 있었다.

아이들도 아빠가 관리집사로서 얼마나 정성껏 일하는지 잘 알았다. 심지어 아이들은 교회에 있다가도 변이 급하면 교회 화장실을 이용하지 않고 집으로 달려왔다.

"얘가? 교회 화장실 두고 뭣 하러 집까지 와?"

"아빠가 정성껏 청소한 화장실이잖아. 차마 그 화장실에서는 변을 눌 수가 없어서…."

그 말을 듣고 눈시울이 뜨겁게 젖었다.

"고마워서…."

그이는 그렇게 말했는데, 나는 그 눈물에 담긴 마음을 읽을 수 있었다. 행복이었다. 행복이란 그렇게 가까이 있는 법이다. 그이의 행복은 곧 우리 가족의 행복이었다. 무엇보다 우리는 하나님께 충성스럽게 순종하며 살아가는 아빠를 통해 너무나 행복한 일상을 살아가고 있었다.

같은 교회에 계시던 목사님 한 분은 어느 월간지에 '그리스도인과 전쟁'이란 글을 기고했는데, 그리스도인들은 하나님께서 주신 사명을 감당하기 위해 그 사명을 가로막는 세력에 대항하여 선한 싸움을 싸울 수밖에 없다고 말하면서 영적 전쟁에 임하는 자세의 본보기로 그이를 소개했다.

"교회의 식수를 주일마다 약수터에서 길어다 놓는 집사님이 계셨습니다. 그 집사님은 교회에서 물을 사서 먹는 것을 알고는 물 긷는 일을 사명으로 알고 길어오기 시작한 것입니다. 저는 그 집사님에게 수고로운 일을 하지 않아도 된다고 했더니 집사님은 자기가 이 일을 함으로 성도들이 물을 마실 때마다 얼마나 기쁜지 모른다고 하면서 기꺼이 물 긷는 일을 하겠노라고 말하는 것입니다. 저는 그 집사님의 모습을 보면서 그리스도인의 영적 전쟁은 그렇게 자기가 있어야 할 자리, 자기가 해야 할 일을 작은 것에서부터 감당하기 시작할 때 시작된다고 생각합니다. 현대 교회와 그리스도인들은 많은 프로그램과 말들을 쏟아 내지만 정작 자신이 해야 할 일에는 등한히 할 때가 너무나 많습니다."

가을로 접어들면서 관리집사로 일한 지 10개월째가 되어 갔다. 여전히 평화롭고 풍요로운 시간이 흐르고 있었다. 오두막에서 살 때와 비교하면 우리 생활은 말로 표현할 수 없을 만큼 편리했다. 무엇보다 아이들이 공부하기에 그곳은 안성맞춤이었다. 우리는 아이들 교육을 위해서라도 관리집사 생활을 몇 년 더 이어 가고 싶었다.

누구나 그렇듯 편하고 안락한 환경에 젖으면 그곳에 오래 머물고 싶어 하는 법이다. 그런 마음이 고인 물처럼 오래되면 '욕망'이 된다. 욕망을 가지는 순간 사람들은 내가 안주하는 환경을 지키기 위해 다른 가치들을 희생시키기 시작한다. 어떤 개입도 불허한다. 심지어 하나님의 개입조차 내 평화를 깨려는 침략자의 개입으로 착각하는 현상까지 일어난다. 우리에게 그런 욕망이 생기려는 조짐이 있었을까? 하나님의 뚜렷한 개입이 시작되었다.

"내가 너에게 지시할 땅으로 가라."

일찍이 믿음의 조상들이 안주하여 타락할까 봐 하나님께서 그들에게 개입하실 때 하시던 말씀이었다. 남편은 기도 중에 그 말씀을 세 차례나 마음에 받았다. 남편의 이야기를 들을 때 내게는 무엇보다 '아이들을 교육하는 데 여기보다 더 좋은 데는 없는데…' 하는 생각이 떠올랐다. 남편은 이제 서서히 그 말씀의 의미를 캐기 시작했다.

어느새 내 안에는 '주님, 여기가 좋사오니 이곳에 머물게 해 주십시오.' 하는 안주의 욕망이 싹을 내려던 참이었다. 여기를 떠나서는 아무것도 할 게 없어, 그런 두려움이 엄습했다. 주님은 이제 남편에게 개입하셨듯이 나에게도 한 걸음씩 다가서고 계셨다.

"주님, 저희가 무엇을 하기를 원하세요?"

그렇게 물었을 때 주님은 이렇게 말씀하셨다.

"입을 크게 열어라. 내게 부르짖으라. 내가 너는 생각지도 못할 크고 비밀스러운 일들을 보여 줄 테다."

우리는 떠나기로 결심하고 교회에 사직서를 냈다. 교회에서는 만류했다. 우리도 머물고 싶었으므로 서러웠다. 산속 오두막으로 다시 들어가야 한다는 것뿐, 우리에게 뚜렷한 건 아무것도 없었다. 그러나 그 밤에 주님은 기도하는 우리에게 찾아오셔서 '정금'이란 글씨가 새겨진 패를 보여 주시며 희망 한 줌을 보이셨다.

하나님께서는 관리집사로 부르시고, 짧은 기간이었지만 열심히 교회를 섬기면서 행복한 휴식을 즐기게 하신 뒤, 이제 다시 한 걸음 앞으로 나아가게 하시는 것이었다. 우리는 하나님의 인도하심에 귀 기울이면서 두 가지를 깨달았다. 하나님께서는 우리를 통해 이루고자 하시는 뜻이 있으며, 또 그 일을 하기 위해서는 우리가 더 훈련받아야 한다는 사실이었다.

관리집사 직을 사임하고 우리는 주님의 인도하심을 기다리며 당당하게 산속 오두막으로 들어갔다. 아이들과도 왜 오두막으로 다시 들어가야 하는지 충분히 이야기하였으므로 우리 가족은 하나같이 소풍 가듯 오두막을 향할 수 있었다. 아이들도 이제부터는 학교에 가기 위해 한 시간씩이나 버스를 타야 한다는 사실을 잘 알았지만 불평하지 않았다. 그이와 나는 그런 아이들이 고맙고, 또 아이들을 그렇게 키워 가시는 하나님께 감사했다.

제2부
너희들의 '친아빠'를
가르쳐 줄게

우리 가족은 모두 그분이 고은이와 동엽이의 친아빠란 사실을 믿는다.
우리는 고은이와 동엽이를 그분 뜻대로 양육할 뿐이다.
그런데 아이들을 양육하면서 우리는 아이들 때문에
자주 그분을 만나는 기쁨을 누린다.
…
기도를 하게 하시고, 그 기도에 응답해 주심으로써
"고은이는 내 친딸이야." 하고 말씀해 주신 주님께
얼마나 감사한지 …

기도로 낳은 우리 아들, 에릭!

우리는 국제어린이양육기구인 컴패션을 만난 이후 참 많은 친구들을 알게 되었다. 서정인 대표는 물론이고 차인표 씨와 신애라 씨 부부를 사귀었고, 광고인으로 잘 알려진 문애란 씨와도 사귀었다. 그분들은 언제나 가난하고 볼품없는 우리를 찾아왔고, 친구란 사실을 잊지 않고 늘 알려 줬다. 특히 그이가 루게릭병을 가지고 처음 맞은 2010년 성탄절에도 우리 교회를 찾아와 우리 가족을 위로하며 함께 예배드리는 깜짝 이벤트를 만들어 주기도 했다.

2011년 여름, 차인표 씨는 '컴패션'의 프로젝트를 맡아 아프리카로 여행을 떠날 계획이었는데, 떠나기 며칠 전 우리 교회로 전화를 걸었다.

"사모님, 이번에 우간다로 갈 거예요. 가는 길에 케냐에 들러 에릭을 만나려고요. 전도사님과 사모님 이야기를 에릭에게 해 주면 큰 격려가 될 거예요. 또 에릭이 어떻게 살고 있는지 제가 카메라에 담아 올 게요."

에릭은 2009년 컴패션을 통해 만났다. 그때 네 살이었으니 벌써 여섯 살이 된 셈인데, 까만 눈망울이 초롱초롱한 이 아이를 우리는 꼭 한번 만나 보고 싶었다. 그 눈망울 속에서 케냐의 미래를 보고 싶었다. 에릭이 그런 훌륭한 인물로 자라 주기를 날마다 기도했다. 그런 에릭의 모습을 촬영해 주신다니 그저 기쁜 마음이었다. 차인표 씨는 에릭에게 영상편지를 전해 주겠다며 직접 성남의 교회로 찾아왔다. 카메라 앞에서 그이는 미리 생각해 둔 내용을 차분차분 이야기하였다. 루게릭병이 꽤나 진전된 상태라 아주 어눌한 말투였지만 진심을 꾹꾹 눌러 담으려고 애를 썼다.

에릭, 사랑해. 컴패션을 통해 에릭을 만나게 되어 너무 기쁘고, 또 하나님께 감사해. 네가 무탄타라 초등학교에 입학하고 교회도 열심히 다닌다는 소식을 듣고 내 마음이 너무 기뻤어. 우리 에릭이 건강하게 잘 자라고, 하나님만 열심히 믿고 나가면 하나님이 너의 앞길을 시온의 대로로, 또 좋은 길로 인도해 주실 거야. 나는 에릭이 앞으로 케냐에서 제 2의 미국의 오바마 대통령이 되도록 기도하고 있어. 앞으로 열심히 공부해서 케냐의 미래 지도자가 되기를 바라.
 나도 시골에 살 때 염소를 키워 봤단다. 염소는 정말이지 소나 돼지 닭을 키우는 것보다 더 힘들지. 하지만 에릭은 염소도 잘 키우고 공부도 열심히 하며 부모님께 기쁨을 주는 귀한 아들이 되기를 바라.

그이의 영상편지에 뒤이어 나의 인사도 첨부했다. 나까지 담길 줄은 몰랐기에 미리 준비하진 못했지만 늘 마음에 담아 오고 기도했던 이야기를 영상편지에 덧붙였다.

사랑하는 에릭, 널 만나서 기쁘고 하나님께 감사해. 늘 기대하는 건 성경에 보면 요셉 있지? 요셉이 10대에 꿈을 꾸었어. 에릭도 요셉처럼 어려서 꿈을 꾸고 소망을 갖는 아들이 되길 바라. 꿈만 꾸는 게 아니라 요셉처럼 20대에 힘들고 어려운 일이 있더라도 잘 준비해서, 30대가 되었을 때 하나님 나라와 케냐를 위해 귀하게 쓰임 받는 아들이 되기를 기도할게. 너무 사랑하고, 보고 싶다.

에릭의 학교, 무탄타라

우리의 목소리를 담아서 떠난 차인표 씨가 에릭의 모습을 또 담아서 오기만을 기다리고 또 기다렸다. 그리고 어느 날 오후 컴패션 직원들과 함께 차인표 씨가 교회로 들어섰다. 우간다에서 200킬로미터나 떨어진 곳까지 가서 에릭의 모습을 담아 온 까닭은 아마 남편을 위로하고 싶은 차인표 씨 나름의 특별 이벤트였을 것이다. 그 마음이 얼마나 고맙고 감동적인지 우리는 화면에서 눈을 떼지 못했다.

케냐는 TV에서 보던 모습 그대로였다. 가난하게 살아가지만 웃음이 끊이지 않는 건강한 모습이 화면 가득 들어왔다. 아프리카의 경쾌한 토속음악을 배경 삼아 차인표 씨는 먼 길을 자동차로 달렸다. 처음 닿은 곳은 에릭이 공부하는 학교였다. 무탄타라 초등학교 표시가 나무판사에 삐뚤삐뚤 씌어 있었다. 'KE445 컴패션 어린이센터'이다. 말이 학교지 함석지붕에 흙벽으로 지은 낡은 집이다. 어두운 교실에는 케냐의 지도가 담긴 걸개가 보이고, 나무토막으로 얼기설기 만든 창으로 햇살과 바람이 함께 들어온다. 나무로 만든 낡은 책상들이 줄지어 있다. 가득 앉으면 60명 쯤 앉을 것 같다.

이곳 선생님인 듯한 분이 에릭이 공부하는 자리를 가리킨다. 아, 여기가 기도로 낳은 우리 아들 에릭이 공부하는 교실이구나 싶어 눈시울이 붉어졌다. 학교 교무실에는 학생들 이름이 가득 적힌 걸개가 걸려 있다. 카메라는 또 그 중에서 에릭의 이름을 비춘다. 일종의 생활기록부 같은 에릭의 파일엔 나무 아래에 서 있는 에릭 사진이 붙어 있다. 저 사진, 우리에게도 보낸 사진이다. 역시 초롱초롱한 눈망울이다. 신상정보가 담긴 서류엔 에릭이 대한민국의 김정하 전도사로부터 후원을 받고 있다는 사실이 적혀 있다.

차인표 씨는 그곳 선생님들에게 우리 가족에 대한 이야기를 동영상으로 만들어서 보여 주었다. 그들은 그 영상을 본 뒤 한동안 말을 못했다. 그저 풍요로운 사람들이 자신들을 후원하고 있으리라 생각했는데, 구두를 닦고 루게릭병으로 말도 제대로 못하는 사람이 후원금을 보내고 있다는 사실에 충격을 받았던 것이다.

흙으로 지은 에릭의 집으로
•
에릭의 집은 산 위 작은 마을에 있다. 역시 흙으로 지은 작은 집이다. 에릭이 누군가의 손을 잡고 달려온다. 차인표 아저씨와 악수를 나누는 에릭의 모습이 제법 늠름하다. 집 안에 한 권의 책이 유난히 눈에 띈다. 이 집에서 책은 꼭 한 권뿐인데, 바로 성경이다. 컴패션에서 보내 준 것 같다. 성경 속에는 우리가 보낸 편지와 우리 가족사진이 꽂혀 있다.

"이분이 너의 후원자 김정하 전도사님이야. 이분은 에릭이 케냐의 대통령이 되기를 기도하신단다. 에릭도 이분을 위해 기도해 주지 않을래? 다음엔 내가 아니라 이분이 너를 만나러 오실 수 있을 거야."

멀리서 온 낯선 사람에 대한 경계가 엿보이지만 에릭은 차인표 아저씨가 하는 단 한 마디 말도 놓치지 않고 듣고 있다. 우리를 위해 기도하겠다고 머리를 끄덕인다. 초롱초롱한 눈으로 이 모든 장면을 기억하려는 듯 에릭의 표정은 담담하다. 우리가 보낸 학용품을 받으면서 굳어 있던 에릭의 표정이 조금씩 풀린다. 고마움을 박수로 표현해 준다. 그 아이 같음에 우리는 한참을 웃었다. 세상의 모든 아이들처럼 에릭도 그렇게 순수하고 맑은 아이다.

에릭의 아빠는 항구로 일하러 나가 언제 돌아올지 모른다고 한다. 에릭의 엄마는 우리에게 감사하다며 선물로 닭 한 마리를 들고 나온다. 그 마음이 고스란히 영상을 통해 전해 왔다. 멀리 떨어져 있어 직접 만나지는 못했지만 우리는 하나님의 아들딸로서 그렇게 서로 사랑하고 있었던 게다. 순간 하나님의 넓고 큰 품이 실감났다.

에릭 엄마의 얼굴은 어리고 순해 보인다. 꾸밈없는 그 순수한 얼굴에서 웃음이 피고 "하나님께서 복을 주시고 또 돌봐 주시기를 기도합니다."라고 축복한다. 또 감사하다는 말을 거듭한다. 그런 감사 인사를 받을 만한 자격이 우리에게 있을까. 우리가 한 일은 보잘것없는 작은 일이 아닌가. 그럼에도 이리 귀하게 받아들이는 이들이 있다는 사실이 새삼 놀라웠다.

무엇보다 에릭에게 평생 잊지 못할 추억을 선사해 준 것 같아 기뻤다. 우리는 영상을 보는 내내 눈시울이 젖어 있었다. 차인표 씨는 그렇게 반가운 이야기를 우리에게 남긴 뒤 떠났다. 생각할수록 고마운 분이다.

에릭의 학교로 향하는 아빠의 마음

우리는 손님들이 돌아간 뒤에도 동영상을 몇 차례나 보고 또 보았다. 처음 에릭을 알게 되었을 때 이렇게 빨리 만날 줄 기대하지 못했는데, 막상 에릭이 살고 있는 케냐를 보고 나니 우리가 너무 부자로 살고 있어 미안했다. 그이가 뭔가 결심한 듯 입을 열었다.

"여보, 우리에게 있는 돈을 에릭이 다니는 학교에 보내도록 합시다. 에릭의 교실을 새로 보수하면 좋겠어요. 그 교실이 자꾸만 눈에 밟혀요. 하나님께서 우리가 고쳐 주기를 바라시는 것 같아요."

나는 그저 아무렇지 않게 보고 넘겼는데, 에릭의 교실을 보면서 마음이 아팠던 모양이다. 나와 달리 그이는 에릭의 아빠처럼 에릭의 교실을 바라보았나 보다.

"그래요. 그렇게 해요."

다행히도 우리는 여러 분들이 약값으로 보태라며 후원해 주신 돈을 그대로 모아 두었다. 가지고 있으면 꼭 쓸 데가 생길 것이라는 믿음 때문이었다. 그리고 그때가 올 때 아끼지 말고 내놓아야 한다는 걸 우리는 오랜 경험 속에서 터득했다. 게다가 차인표 씨도 약값에 보태라며 봉투를 전해 주고 떠났다. 하지만 우리는 이미 무료로 약을 받고 있으니 약값은 필요 없다. 오히려 그이의 건강을 기도해 주시는 분들에게 건강한 모습을 보여 드리지 못하는 게 죄송할 뿐이다.

우리는 그날 밤에도 에릭의 얼굴을 보고 또 보았다. 에릭은 신애라 씨가 직접 편지까지 써서 차인표 씨를 통해 보내 준 새 옷을 입고 패션모델처럼 즐거워했다. 행복한 하루였다.

사람의 삶이란 것이 뭐 그리 다를 게 있겠는가. 이렇게 서로에게 감동을 전하며 살면 되는 것이다. 차인표 씨의 수고 덕분에 에릭과 에릭의 가족이 우리와 더 가까이 있는 사람들로 다가온 사실이 신기하고 감사하다. 비단 에릭뿐일까. 세계 곳곳에서 우리의 기도 속에서 자라는 모든 아이들이 사실은 그렇게 가까이 있는데, 그저 물리적인 거리만 생각하여 멀리 있다 여길 뿐인 것을. 그들이 모두 한자리에 모여 손잡고 얼굴 부비며 웃을 수 있는 그런 날이 올까. 천국에서나 가능할까.

참 고운 우리 딸 '고은'

"고은이는 미술에 특별한 재능이 있는 것 같아요. 미술공부를 시켜 보는 게 좋겠어요."

중학교 2학년 때 고은이는 그림공부를 하고 싶어 했다. 우리는 고은이가 미술에 재주가 있는지 알아보기 위해 가까운 미술학원을 찾았다. 처음 간 미술학원에서 고은이는 몇 가지 테스트와 상담을 받았고, 미술에 재능이 있음을 알게 되었다. 부모는 자녀의 재능을 발견했을 때 자녀가 재능을 발전시켜 하나님의 영광을 위해 살도록 도와야 한다. 마땅히 그래야 한다는 걸 알면서도 고은이를 당장 학원에 보낼 여력조차 없을 때는 어떻게 해야 하나?

그런데 감사하게도 중학교를 졸업할 때까지 무료로 그림공부를 할 수 있도록, 고은이의 재능을 발견해 준 학원에서 배려해 주었다. 그리고 이제 고등학생이 된 고은이는 입시를 준비하는 학원을 다시 찾아야 했지만, 우리에겐 비싼 학원비를 낼 만한 여력이 없었다. 우리는 여전히 가난했다. 남편과 고민하다가 고은이를 설득해 보기로 했다.

"고은아, 엄마 아빠는 너를 뒷바라지할 힘이 없구나. 미안하지만 고은이가 미술공부를 여기서 멈추면 안 될까?"

딸에게 이렇게밖에 말할 수 없다니, 우리는 낯이 뜨거웠다.

"엄마, 고은이가 잘할 수 있는 게 이것뿐이야. 정말 아무리 생각해도 이게 내 길인 것 같아."

고은이는 엄마 아빠의 처지를 너무도 잘 알기에 무작정 떼를 쓰지도 못하고 그저 눈물만 흘렸다. 그렇게도 미술을 공부하고 싶어 하는 고은이를 뒷바라지할 수 없는 무능함 때문에 엄마의 눈에도 눈물이 고였다. 그날 밤 나는 작정하고 하나님께 매달렸다.

"고은이가 하는 말, 주님도 들으셨죠? 고은이가 잘할 수 있는 게 이것뿐이래요. 고은이가 가야 할 길이 이 길이 맞나요? 주님이 원하시는 길인가요? 그렇다면 도와주세요. 고은이, 제 딸이기 전에 주님 딸이잖아요. 고은이가 미술을 해서 주님을 기쁘시게 하는 딸로 자라게 도와주세요. 학원비가 매달 60만 원이래요. 그 돈, 우리 형편에선 낼 수 없잖아요. 5만 원이면 가능해요. 그러니 주님이 그렇게 만들어 주세요. 우리 입으로 그렇게 궁색한 말 하기 전에 주님이 그렇게 만들어 주세요."

나도 모르게 도둑놈 같은 심보를 드러내며 주님께 도움을 구했다. 이튿날 우리는 고은이를 불러서 엄마 아빠의 솔직한 심정을 이야기했다.

"고은아, 엄마 아빠는 네 학원비를 대 줄 수가 없구나. 참 미안하다. 하지만 고은아, 네 친아빠가 있잖아. 그분께 도움을 구해 보자. 틀림없이 길이 생길 거야."

그리고 학원으로 가서 부원장님과 상담을 하고 주님이 하실 일을 기다렸다.

"고은이네 형편이 어렵지만 수강료를 100퍼센트 감면해 주기는 어려워요. 한 달에 5만 원은 내셔야 해요."

부원장님이 그렇게 말할 때 나는 너무나 정확한 응답에 할 말을 잃고 말았다. 그러니까 고은이가 이 학원에서 미술공부를 하며 입시를 준비해야 하는 것은 누가 보더라도 뚜렷한 길이었다. 주님은 고은이가 이 학원에서 수강할 수 있도록 길을 열어 주심으로써 고은이의 길까지 뚜렷이 알려 주셨다. 고은이에게도 지난밤에 엄마가 어떻게 기도했는지 알려 줬더니 얼마나 기뻐하던지. 누구나 자신이 가는 길이 하나님께서 허락하신 길이라는 걸 알려 주기만 한다면 그 길을 얼마나 신나게 갈 수 있을까. 고은이는 그 특별한 혜택을 누리게 된 셈이다.

"고은아, 주님이 너에게 거저 주신 거 알지? 나중에 다른 사람들에게 네가 받은 것도 거저 주어야 하는 거, 기억하렴. 그리고 고은이에겐 누구보다도 든든한 친아빠가 있다는 것 잊지 말아야 해. 엄마 아빠가 아무리 고은이를 사랑한다 해도 친아빠만큼 사랑할 수도 없는 거고…."

고은이의 친아빠인 그분, 아니 우리 모두의 친아빠인 그분께 우리는 감사했다. 고은이가 중학교 수학여행을 갈 때도 똑같은 도움을 하나님께 구한 적이 있다. 수학여행 경비가 너무 비싸 우리 형편으로는 무리였다. 다행히 주님은 학교 후원을 받아 5만 원만 낼 수 있도록 길을 열어 주셨다.

우리 가족은 그분이 고은이와 동엽이의 친아빠란 사실을 믿는다. 우리는 고은이와 동엽이를 그분 뜻대로 양육할 뿐이다. 그런데 아이들을 양육하면서 아이들 때문에 자주 그분을 만나는 기쁨을 누린다. 게다가 일기를 뒤적이다 보면 고은이가 우리에게 준 수많은 기쁨의 흔적을 발견한다. 고은이가 고등학생이었고 어버이날이었던 모양이다.

"어제 저녁에 딸에게서 뜨끈뜨끈한 어버이날 선물을 미리 받았습니다. 고등학생이 된 후로 밤늦게 들어오는 딸은 어제도 늦게 들어와서는 봉투 하나를 내밉니다. 받아 드니 네모반듯한 것이 따뜻합니다. 토스트 두 개를 사 온 것입니다. 아빠가 토스트를 무지 좋아하는 걸 딸이 너무 잘 알지요. 자기도 배가 고프니 먹고 싶었을 텐데, 딸은 토스트를 내밀고 늦은 저녁을 먹습니다. 학교급식이 비싸다고 빵 한 쪽 싸 가서 먹고 집에 돌아와 늦은 저녁을 먹고 자는 딸입니다. 남편과 나는 저녁을 먹은 뒤라 배가 부르지만 토스트 한 쪽을 잘라 먹습니다. '고은아, 한 번 달고 버리는 꽃보다 훨씬 실용적이고 좋네.' 남들이 보면 웃긴다고 하겠지만 우리에겐 무엇보다 따뜻하고 고마운 선물입니다."

부끄러운 부모

나는 이렇게 고마운 아이들에게 부끄러운 부모가 되어 버린 적이 있었다. 고은이가 고등학생이었을 때 등록금 낼 돈이 부족해서 근로복지공단에 근로장학생을 신청했다. 그런데 서류를 준비할 때 신청 자격에 하자가 있음을 발견했다. 내 직장 근무일수가 사흘이 모자란 것이었다. 나는 멈추지 않았다. 길은 이것뿐이라고 믿었던 것 같다. 직장에 내 사정을 말하고 입사 일자를 거짓으로 뜯어고쳐 서류를 제출했다.

그렇게 근로장학생 신청 결과를 기다리고 있는데, 우리 교회가 소속한 노회에서 연락이 왔다. 고은이에게 등록금을 지급하기로 했다는 것이었다. 고마웠지만 무덤덤했다. 근로장학생 신청 결과를 기다리고 있었기 때문이다. 나는 어느새 고은이가 근로장학생이 되었다는 착각을 하고 있었던 셈이다. 게다가 장학금을 받아 교회 재정으로 쓰겠다는 기도까지 했다. 하지만 결과는 반대였다. 장학생으로 선정되지 않았다는 문자메시지가 고은이 핸드폰으로 왔다. 학교에서 돌아온 고은이는 풀이 죽은 목소리로 "엄마, 어떡해요?" 했다. 당연히 될 줄 알았으므로 나는 몇 차례나 고은이의 핸드폰을 뒤적이며 메시지를 확인했다. 결국 나는 고은이에게 부끄러운 속내를 드러내어 고백해야 했다.

"엄마가 욕심을 부렸어. 창피한 일이지만 서류도 거짓으로 만들어서 냈고, 장학금이 나오더라도 그 돈을 다른 용도로 쓸 작정을 했으니 언감생심 하나님께서 좋은 결과를 가져다주실 수도 없었겠지? 엄마는 정말이지 하나님이 안 계신 것처럼 행동한 거야. 주님은 미리 고은이에게 등록금을 마련해 두셨는데 엄마는 그것도 모르고…."

그저 가난해서 미안하고 부족하다고만 생각했는데 부정직하고 나약한 한 인간의 초라한 모습을 고은이에게 들켜 버린 게 더욱 마음 아팠다. 하지만 고은이의 친아빠는 언제나 고은이의 길을 예비하셨고, 무엇보다 당신이 직접 하셨던 증거들을 고은이에게 알려 주심으로써 친아빠와 깊은 유대를 만들고자 하셨다. 주님은 고은이에게 먼저 기도할 수 있는 환경을 만드셨고, 그 기도에 정확하게 응답하심으로써 "나는 네 친아빠야." 하고 말씀하시는 듯했다.

고은이의 다한증

대학 입시를 준비하는 고등학교 3학년 때 고은이는 다한증으로 무척 힘들어했다. 조금만 긴장해도 손발이 땀으로 흥건하게 젖었다. 미술을 공부하는 고은이에게는 치명적인 아픔이었다. 면장갑을 끼고 다시 붓을 잡는 고은이를 지켜보며 가족들의 마음도 함께 아팠다.

돌이켜 보면 지금까지 고은이의 진로를 인도해 주신 분은 하나님이셨다. 좋은 학원을 만나게 하셨고 힘겨운 길목마다 하나님의 사람들이 서서 고은이가 가야 할 길을 이끌어 주었다. 그런데 이제 마지막 골인 지점에 다 와서 이런 힘겨운 상황을 만드신 하나님을 이해하지 못했다. 이 길이 하나님의 길이라고 여기며 달려온 고은이에게, 우리 가족에게 그 믿음이 흔들리는 아픔은 무엇보다 곤혹스러웠다.

그러나 고은이는 묵묵히 자신의 길을 걸어갔다. 수능을 보았고 실기시험을 네 군데 치르기로 마음먹었다. 매번 무거운 화구 가방을 들고 지하철과 버스를 갈아타면서 시험장소로 향했다. 지금까지 고은이는 다른 친구들이 붓 열 자루 쓸 때 단 한 자루로 버텼고, 비싼 화구를 써야 할 때도 선배들이 남긴 화구들을 챙겨 재활용했으며, 어떻게든 값싼 물감만 골라서 썼다. 그런 고은이를 보며 나는 많이 울었다.

"주님, 고은이가 다한증 때문에 그림을 그리기가 힘듭니다. 네 군데나 시험을 치르는데, 주님이 보내려고 계획한 곳이 어딘지 알려 주세요. 제가 둔해서 구체적으로 말씀해 주지 않으시면 잘 깨닫지도 못합니다. 그러니 그곳이 어딘지 모르지만 그곳의 시험을 칠 때 손에 땀도 나지 않게 하시고, 장학금을 받아 입학할 수 있게 해 주세요."

나는 시험을 치르러 가는 고은이의 등 뒤에서 이렇게 기도했다.

고은이는 마지막 시험을 치르는 학교에서 거짓말처럼 손에 땀이 나지 않았다. 하지만 그 학교는 다른 데보다 커트라인이 더 높아 금세 또 염려가 몰려왔다. 발표일자가 다가왔고, 다른 두 학교에서 모두 불합격했다는 소식을 듣자 더욱 초조해지기 시작했다. 믿음이 연약한 나는 주님을 협박하며 기도했다.

"주님, 아직도 주님을 모르는 형제들에게 우리가 한 말을 기억하시지요? 우리가 잘될 테니 지켜보라고 했습니다. 고은이가 대학에 떨어지면 주님이 오히려 욕을 먹습니다. 저는 그게 걱정입니다."

주님은 우리 믿음이 더 약해지면 어찌 될지 두려우셨던 걸까? 나머지 두 학교에서 모두 합격통지서를 받았다. 그리고 마지막으로 시험을 치른 학교에서는 장학생으로 합격되었다는 연락을 받았다. 고은이가 가야 할 대학은 그곳이었다. 기도를 하게 하시고, 그 기도에 응답해 주심으로써 "고은이는 내 친딸이야." 하고 말씀해 주신 주님께 얼마나 감사한지. 우리는 그렇게 한 고비 고비를 넘을 때마다 하나님이 고은이의 친아빠임을 발견했다.

가난이 교육의 걸림돌?

● 　　　　　　　　　　대학생이 된 고은이는 의젓하고 바른 모습으로 제 길을 뚜벅뚜벅 걸어갔다. 그 모습을 바라보며 우리는 하나님께서 고은이를 키워 가시는 모습에 박수를 보낼 정도였다.

장학금을 받으며 공부하는 고은이는 방학이 되면 아르바이트를 해서 자신의 씀씀이를 충족했다. 대학입시를 치르고 나서도 아르바이트를 하여 쓸 돈을 스스로 마련하더니, 첫 여름방학 기간에는 제과점에서 성실하게 일했다. 아르바이트를 하여 월급을 받던 날에는 아빠에게 슬그머니 용돈까지 드렸다. 나는 고은이가 지출한 항목을 자세히 살펴보았다. 27만 원을 받아 아빠 용돈 10만 원, 십일조헌금 3만 원, 감사헌금 만 원, 그리고 동엽이의 용돈까지 얼마 챙겨 주고는 자신의 통장에 나머지 돈을 저축했다.

그이는 고은이가 대학생이라 쓸 데도 많을 테고, 게다가 늘 옷은 누가 입다가 물려준 것을 입고 다니던 터라 새 옷도 사고 싶을 거라 여겨 "아빠는 5만 원이면 충분하다. 그러니 나머지는 다시 가져가거라." 했지만 고은이는 "저도 충분해요. 제 통장에 돈 가득 있으니 아빠가 혹시 필요하시면 말씀하세요."라며 더욱 인심을 쓴다. 고은이는 이름처럼 참 곱게 자랐다. 이제 돈을 쓸 줄도 아는 딸을 보면서 우리는 더욱 앞선 기도를 한다.

"주님, 우리 고은이가 돈을 잘 벌어서 하나님이 원하시는 데 잘 쓸 줄 아는 사람이 되게 해 주십시오. 물질을 다스리는 사람이 되게 하셔서 하나님께 온전하게 바치는 딸이 되게 해 주십시오."

하나님, 고은이의 친아빠이신 그분이 키워 주신 딸을 보면서 우리는 더욱 하나님의 사랑을 찬양한다. 교육에 대해 사람들은 이런저런 말을 하고, 제 나름의 꾀를 내어 어떻게든 잘 키워 보려고 애쓴다. 그럼에도 불구하고 그들의 불평은 끝이 없다.

그들은 우리를 어떻게 판단했을까? 혹 아이들에게 무책임하다고 말하였을까? 가난이 교육의 걸림돌이라고 생각하였을까? 하나님을 믿느라 아이들을 버린다고 혹시 말하지는 않았을까? 우리는 이 모든 판단을 무색하게 만들어 준 고은이의 지난 20년을 통해 하나님을 찬양한다. 주님의 아이였으므로 주님께서 책임지셨고 우리는 그저 "네 친아빠는 모든 것을 하실 수 있다."고 말했고, 그런 분을 엄마 아빠와 함께 만나게 해 주었을 뿐이었다.

예기치 못한 기쁨을 선사하는 아들, 동엽이!

• 오두막에 살 때부터 동엽이는 우리의 기쁨이었다. 그때는 겨울이었다. 눈이 많이 내린 그날은 쌓인 눈 때문에 밖에도 나갈 수 없었다. 우리는 오두막 황토방에 불을 지펴 놓고 한 이불에 발을 넣은 채 옹기종기 모여 앉았다. 그이는 기타를 쳤고, 나는 아이들과 함께 찬송을 불렀다. 찬송가 한 권

을 다 떼었을 때는 나도 아이들도 목이 쉴 정도였다. 한창 찬송을 부르고 있는데 아들이 슬그머니 뒷방으로 사라지더니 10분 쯤 지나 책받침을 오려서 나타났다.

"아니 동엽아, 아까운 책받침을 이렇게 조각내면 어떻게 해?"

아빠가 야단을 치려고 하자 동엽이는 눈에 눈물이 그렁그렁하여 억울하다는 듯 말했다.

"아빠 기타 칠 때 손가락 아플까 봐 삐꾸(피크) 만든 건데…."

우리는 동엽이에게 사과했다. 아빠는 비뚤비뚤 오려서 만든, 그러나 세상에서 단 하나뿐인 그 피크를 가지고 더 신나게 기타반주를 했다. 우리는 그날 밤새도록 함빡 웃으며 찬양했다. 그러고 보니 그렇게 환하게 웃던 남편의 얼굴을 지금도 잊을 수가 없다. 나는 남편의 그 환한 웃음 속에서 또 한 분의 아버지가 환하게 웃고 계신 얼굴을 보았다. 가난하지만 행복한 우리들의 찬양을 받으시며 활짝 웃으시던 아버지의 얼굴이었다. 그 아름다운 밤에도 동엽이의 고마운 마음이 있었다.

동엽이는 가끔 우리에게 생각지 못한 기쁨을 선사할 줄 아는 아이다. 언젠가 몹시 우울해 기도조차 막힐 때였다. 그런 엄마의 마음을 읽었는지 동엽이는 예배당 앞에서 피아노를 친다.

우리 보좌 앞에 모였네
함께 주를 찬양하며
하나님의 사랑

그 아들 주셨네
그의 피로 우린 구원받았네.

십자가에서 쏟으신
그 사랑 강같이 온 땅에 흘러
각 나라와 족속 백성 방언에서
구원받고 주 경배드리네.

구원하심이 보좌에 앉으신
우리 하나님과 어린양께 있도다.

찬양이 울리자 비로소 막힌 가슴이 트이는 듯했다.
"동엽아, 그 곡 계속 쳐 줄래?"
그렇게 부탁하고 나는 주님께 엎드려 한참을 기도했다. 생명을 주신 그분께 무엇 하나 드릴 게 없어서, 그저 죄송한 마음뿐이어서 울기만 했다. 동엽이가 선물한 밤은 내 기억에 오래 남았다. 아들은 그렇게 누군가를 배려하는 따뜻한 마음으로 우리 가족을 울게 하고 웃게 했다.

떼를 쓸 수 있는
하나님이 아니던가

동엽이는 장난꾸러기였다. 그런 아이가 초등학교 3학년일 때 커서 목사가 되겠다고 말했다. 신기하게도 동엽이의 그때 다짐은 아직도 달라지지 않았다. 그런데 문제는 성적이었다. 고등학교 1학년을 마칠 때까지 성적이 반에서 중간에 머물렀다. 목사가 꼭 공부를 잘해야 된다는 건 아니지만 신학대학에 들어가서 신학대학원까지 가려면 꽤 험난한 길이 이어질 텐데 공부까지 뒤처지면 안 되지 싶었다. 게다가 공부에 큰 관심을 두지 않는 게 또 마음에 걸렸다. 자극이 필요했다. 어느 날 동엽이를 불러 놓고 말했다. 아니 일종의 선포였다.

"동엽아, 네가 고 2가 되면 반에서 5등 안에 들어가게 될 거야."

"네? 정말 그렇게 될까요?"

녀석은 자신의 현재 처지를 생각했는지 씨익 웃었다. 그러나 엄마가 빈말을 할 사람은 아닌 줄 알았는지 마음 한구석에서 손바닥만 한 자극이 꿈틀거리는 게 느껴졌다. 그때부터 나는 동엽이가 없는 데서 기도할 때 하나님께 떼를 썼다.

"하나님, 거짓말쟁이 엄마가 되지 않게 도와주세요."

그렇게 떼를 쓸 수 있는 하나님이 아니던가. 지금껏 내 인생을 돌아볼 때, 하나님의 뜻이 뚜렷하다면 선포를 해 버린 뒤 믿음으로 그 길을 뒤쫓았던 기억이 적지 않다.

드디어 고등학교 2학년 1학기 중간고사를 치르는 날이 되었다.

"동엽아, 시험 치러 갈 때 아빠의 기도를 받고 가면 좋겠다."

동엽이는 엄마의 부탁대로 매일 새벽 아빠로부터 기도를 받으며 등교했다. 자못 근엄한 안수 장면이었다. 동엽이는 무릎을 꿇었고 아빠는 아들을 위해 마음을 다해 기도했다. 결과는? 반에서 3등을 했다며 기뻐하는 동엽이의 얼굴을 볼 수 있었다. 여전히 동엽이는 얼떨떨했다.

"이번에 아이들이 공부를 너무 안 했나 봐요."

이제 불이 붙기 시작했다 느끼는 순간, 나는 더욱 동엽이의 관심을 공부 쪽으로 몰아가야겠다고 생각하고 다시 선포했다.

"동엽아, 기말고사에선 3등 안으로 들어가게 될 거다."

물론 이번에도 나는 거짓말쟁이 엄마가 되지 않도록 기도하고, 동엽이의 생활을 자세히 관찰했다. 결과는 다시 2등. 하나님께서 당신의 아들을 인도하시는 손길이 환히 보이기 시작했다. 이번에는 더 중요한 이야기를 동엽이에게 꺼내야 했다. 아빠가 그 역할을 했다.

"동엽아, 아빠는 네가 지금까지 잘 커 줘서 고맙다. 지금부터는 네 길을 보다 뚜렷이 마음에 새겨야 한다. 지금까지도 그랬지만 더욱 진심으로 기도하면서 목사가 될 준비를 해 나가야 한다."

동엽이는 과연 새로운 각오가 선 듯 보였다. 아빠처럼 하나님을 뜨겁게 사랑하고, 신실한 예배의 삶을 살기를 우리는 기도한다.

동엽이의 PMP

• 동엽이가 동영상을 볼 수 있는 휴대용 학습기기인 PMP(Portable Multi-media Player)를 사고 싶다고 했다.

"엄마, 야간자율학습시간에 PMP로 동영상 강의를 들었으면 좋겠어요."

"그래? PMP? 그거 얼만데?"

"중고로 산대도 15만 원 정도 해요."

우리에게 만만찮은 돈이었다. 선뜻 사 줄 수는 없었다. 머뭇거리는 엄마 마음을 읽었는지 동엽이가 대안을 내놓았다.

"엄마, 제가 용돈을 아껴서 살 게요. 걱정하지 마세요."

매주 동엽에게 주는 용돈은 만 원이다. 교통비까지 포함되어 있어 아껴서 모으더라도 큰 도움이 되지도 않을뿐더러 언제 15만 원을 다 모을 수 있을지 아득해 보였다. 하지만 엄마로선 당장 그 값을 지불할 수 없기에 그러라고 미룰 수밖에 없었다.

다음 날부터 동엽이는 학교까지 걸어서 가고 걸어서 왔다. 왕복 80분 거리다. 지각하지 않으려고 가족들 중 가장 빨리 집을 나섰다. 귀가시간도 가장 늦었다. 그렇게 꼬박 3개월이 지난 어느 날 다시 PMP 이야기를 꺼냈다.

"엄마, 그동안 용돈을 아껴서 9만 원을 모았어요. 그런데 기말고사를 보기 전에 사서 공부를 하면 좋겠어요. 그래서요, 나머지 비용에 대해 용돈을 가불해 주세요."

9만 원을 석 달 동안에 모으려면 한 달에 3만 원을 모은 셈이다. 거의 돈을 쓰지 않은 것이다. 그렇게 자기 자신을 이겨 내며 PMP를 사려고 한 아들이 장하고 고마웠다. 나는 다음 날 학교에 전화하여 야간자율학습시간에 PMP 사용을 할 수 있는지 확인한 뒤 7만 원을 보태서 중고제품을 사도록 했다. 감사하게도 동엽이는 그렇게 자신이 원하는 물건을 스스로 고생하여 얻은 보람이 컸던 모양인지 소중하게 다루고 200% 활용하는 듯 보였다.

걸어서 학교에 다니느라 땀을 뻬질뻬질 흘리는 모습이 안쓰럽기도 했지만 그렇게 커 가는 아들 모습을 보는 뿌듯함도 컸다. 그분이 당신의 아들을 키우는 방식에 그저 머리 숙일 뿐이다. 동엽이의 친아빠이신 그분께 감사할 따름이다.

엄마 마음의 마중물, 천 원

"엄마, 이건 좀 심하지 않아요?"
학교 가려고 교복을 입다가 바지 엉덩이 부분을 보면서 동엽이가 고개를 갸우뚱거렸다. 구멍이 나서 재봉틀로 박음질을 했더니만 박음질한 자리가 너무 선명했던 모양이다. 동엽이 교복은 언제나 선배들 것을 물려받았다. 그러니 엉덩이 부분은 늘 닳아서 몇 번씩 박음질을 해야 했다. 그이도 이 상황을 넘어가기 위해 얼른 대응 멘트를 날렸다.

"동엽아, 너는 특별하잖아. 이런 바지, 아무나 입는 거 아니다. 너니까 입을 수 있는 거야."

나도 뒤질세라 동엽이 바지에다 천 원짜리 한 장을 넣어 줬다.

"엄마, 이게 뭐예요?"

"네가 박음질한 바지를 잘 입어 주니까 엄마가 고마워서 용돈 더 주는 거야."

"괜찮아요."

나는 억지로 동엽이 바지에다 천 원을 넣어 줬다. 천 원으로 위기 상황을 모면하려는 것이었을까? 아니다. 엄마가 넣어 준 천 원은 사랑의 표현이다. 우리에게는 너무도 고마운 아들, 세상의 많은 아들만큼 특별하기 그지없는 아들이 그렇게 행복한 하루를 살아 주기를 소망하는 마음, 그 마음의 마중물 같은 천 원이다.

동엽이의 생일 선물

"여보, 우리도 생일에는 케이크에 촛불도 켜고 축하노래도 하고, 그렇게 살아요."

"그러고 보니 당신 생일날 한 번도 그런 적이 없네. 미안해요. 이제 우리 그렇게 해요."

얼마 전에 그렇게 말해 놓고도 정작 생일 때는 언제 그랬냐는 듯 또 하루가 지나고 있었다. 그런데 학교에서 돌아오는 고 3 동엽이의 손에 케이크가 들려 있었다.

"그거 뭐야?"

"응, 엄마 거예요. 아들이 엄마 생신이라 돈 좀 썼지요."

아, 감동이다! 용돈도 제대로 못 줬는데 케이크를 사고 생일카드에 편지까지 썼다. 고은이도 "엄마, 이거…." 하며 립 클로즈를 선물로 내놓았다. 딸이어서일까? 엄마가 쓰는 색깔과 종류를 꼼꼼히 살펴 둔 모양인지 마음에 쏙 든다. 아르바이트를 하며 대학학비를 버는 아이다. 적은 돈으로 여기저기 쓸 데도 많을 텐데 오히려 선물이 작아 죄송하단다. 그 마음이 예뻐 더욱 찡하다.

40년 넘게 살면서 생일 케이크를 자르는 건 처음이다. 지금까지는 그걸 사치라고 여겼다. 그러고 보니 결혼하고서도 가족이 이렇게 모여서 촛불을 켜고 케이크를 자르며 생일을 축하하는 자리도 처음이다. 어색했다. 생일축하노래를 부르고 촛불을 끄고 케이크를 잘랐다. 그이가 축복기도를 드렸다. 다른 사람이 들으면 루게릭병 특유의 어눌한 목소리지만 내게는 또렷하다. 나를 위해 기도하는 목소리는 더욱 또렷하다.

"이 사람을 낳아 길러 주신 어머니 아버지께 감사합니다."

그이가 친정 부모님께 감사하는 순간 나는 울컥했다. 눈물이 흐르기 시작했다. 기도가 끝났는데도 눈물 때문에 고개를 들 수가 없었다. '아, 이렇게 살아도 되는구나….' 감사했다.

동엽이가 들고 온 케이크 하나로 우리 가족은 그렇게 특별한 밤을 보냈다. 고은이의 따뜻한 마음이 묻은 립 클로즈, 그이의 따뜻한 축복기도까지 고맙고 또 행복했다. 고마운 동엽이에게는 팁을 주기로 했다. 챙겨 둔 헌옷을 들려서 고물상으로 보냈다. 동엽이는 그 값을 이미 꿰뚫었다.

"용돈 5,000원 생겼네!"

동엽이의 폭풍성장

연이은 불합격 통보가 날라들었다. 수시 1차에 지망한 학교들로부터 불합격 통보를 받은 동엽은 며칠째 우울해 보였다. 지켜보는 가족들의 마음도 안타까워서 숨을 죽이고 기도만 할 뿐이었다. 동엽이는 수시 2차 원서들을 여기저기 접수하면서 1차에 합격한 친구들을 부러워했다. 재수할 학원이라도 미리 알아 두어야 하나, 나는 잠시 고민했다.

그런데 2차에 지원한 학교들로부터 합격 통보가 날라 왔다. 동엽이는 이제 입이 귀에 걸렸다. 그런 동엽이를 보면서 우리 가족은 다시 활기를 되찾았다. 솔직히 나는 합격 소식보다도 웃음을 찾은 동엽이를 다시 보게 된 기쁨이 더욱 컸다.

신학과에 불합격하고 사회복지학과에 합격한 까닭이 분명히 있으리라 우리는 믿는다. 사회복지학과에 간다는 것은 약자의 자리에서 언제나 섬김의 길을 생각해야 한다는 의미다. 하나님께서 복 주실 일이 아니겠는가.

동엽이는 합격증을 받아 든 다음 날부터 곧장 아르바이트에 들어갔다. 놀고 싶기도 할 텐데 누나가 저때 아르바이트하던 걸 보아 온 까닭일까?

"저, 내일부터 뷔페식당에서 알바하기로 했어요."

"그래? 좀 쉬었다가 하지."

"돈 벌면 할 일이 있어요."

"그게 뭔데?"

"운전면허증 따려구요."

그러고 보니 아빠 아프고 난 뒤 운전이 엄마의 몫이 되어 버린 게 녀석은 많이 안쓰러웠던 모양이다. 그게 그리도 급한 일이었을까?

동엽이는 이튿날부터 아침 열 시까지 출근하여 일을 하고 밤 열한 시가 되어서야 귀가했다. 첫날에는 튀김을 튀기다가 손에 화상을 입었고, 하루 종일 서서 일하느라 돌아와서는 고목 쓰러지듯 푹 쓰러져 잠에 떨어졌다. 저래 가지고 내일 출근이나 할 수 있을까, 생각했는데 이튿날도 벌떡 일어나 출근을 했다.

더 이상 고3 동엽이가 아닌 것처럼 보였다. 어느 날 갑자기 어른이 되어 버린 아들을 바라볼 때의 그 낯설음이란…. 이렇게 어른이 되어 버린 아들의 잠든 모습을 바라보면서 나는 감사의 눈물을 흘렸다. 아이 때만 예쁜 줄 알았더니 다 큰 어른이 된 아들도 예쁘기는 마찬가지다.

아들! 고맙다, 잘 자라줘서.

제3부
나눔으로 평화를 가꾸는
샬롬교회

아무리 힘든 시간을 헤쳐 나오면서도
주님은 한 번도 우리를 굶도록 내버려 두지 않으셨다.
내 머리로 두드려 본 계산은 그저 계산일뿐이었다.
그런 계산을 훌쩍 뛰어넘어 우리를 인도하셨던 주님이셨던 걸
나는 또 깜빡깜빡 잊고 있었다.
…
주님은 귓속말로도 말씀하셨고 천둥 같은 소리로도 말씀하셨는데,
우리는 그 말씀을 이정표 삼아 그분의 손가락 화살표가
가리키는 방향으로 움직일 수 있었다.

대형면허자격증

　•　　　　　　　　　　사람이 그 대상이 아니어도 아름다운 만남이 있다. 심지어 운전면허증 하나도 참 소중한 추억을 만들어 준다. 남편이 교회를 개척하기 전 부교역자로 섬길 때였다. 어느 성도의 자녀가 결혼식을 지방에서 치러 교인들이 단체로 지방까지 내려갔다가 와야 했다. 그 인원도 적지 않아 대형버스를 전세 냈는데 막상 운전할 사람을 구할 수가 없었다. 게다가 교회 안에서도 대형면허 소지자는 쉽게 찾을 수 없었다. 그 사실을 알고 남편은 "제가 운전을 하지요."라고 말했다. 남편에게는 대형면허가 있었다.

　남편이 대형면허자격증을 만난 건 삼척에서 교회 관리집사로 섬길 때였다. 교회 일로 눈코 뜰 새 없이 바쁜 와중에도 남편은 학원을 다니며 대형면허를 취득했다. 관리집사로 교회를 섬기면서 우리는 나중에 교회를 개척했을 때를 미리 생각했던 것이다. 교회는 참 많은 사람들이 함께 어우러져 각자의 달란트와 능력을 하나님께 드리듯 쏟아 내어 섬겨야 할 하나님의 몸이다. 하지만 개척교회는 함께 어우러져 헌신할 사람들이 부족해 더욱 힘들 게 뻔했다. 그럴 때를 대비해야 했다. 그래서였다.

　"여보, 대형면허를 이 기회에 따 두는 게 좋겠어요."

"글쎄? 대형면허가 필요할까? 1종만 있어도 웬만한 차는 다 운전할 수 있는데…."

"그렇기는 하지만 교회에서는 여러 사람들이 함께 움직일 일이 생길 테니까 대형면허가 꼭 필요할 거예요. 그때를 미리 대비해 둬요, 우리."

그렇게 취득한 면허증 때문에 남편은 여러 차례 누군가를 섬길 수 있는 기회를 얻은 셈이다. 대형면허를 가진 남편은 부교역자로 섬길 때뿐만 아니라 나중에 교회를 개척한 뒤에도 운전을 통해 여러 사람들을 섬기고 그 일을 계기로 또 여러 가지 하나님이 예비하신 신기한 순간도 맞게 되었다. 하나님은 우리가 가진 게 어떤 것이든, 그것을 소중하게 사용하셔서 하나님 나라를 위해 소용 있도록 만들어 주셨다. 그러므로 무엇 하나, 우리가 만나는 그 어떤 일이든 정성을 다해야 하는 법이다.

남편의 바르고 예쁜 생각대로

부교역자로 섬길 때 우리는 교회 사택에서 살았다. 그곳은 반지하방이어서 비가 내리기라도 하면 여기저기 곰팡이가 피고 퀴퀴한 냄새가 났다. 특히 우리가 살던 방은 좁고 환기가 잘되지 않았다. 햇살도 들어오지 않아 낮에도 늘 전기를 켜야만 했다. 바닥은 습기가 배어 늘 눅눅해서 한여름에도 보일러로 난방을 하고 선풍기로 더위를 물리쳐야 했다. 그러다 보니 윗집은 가스비가 4천 원 나올 때 우리 집은 4만 원 가까이 나왔다.

이 사실을 알고 교회에서는 지금 비어 있는 2층 집으로 이사할 수 있도록 우리 가족을 배려해 주었다. 아이들과 함께 올라가 구경했는데, 넓은 거실과 큰 방 세 개, 게다가 앞뒤로 베란다까지 있는 집이었다. 고은이와 동엽이는 자기들 방이 생겼다며 좋아했다. 나도 드러내고 표현하진 않았지만 은근히 기뻤다. 빨래도 맘껏 널 수 있고 화초도 키울 수 있을 것 같아 좋았다. 햇살이 들지 않는 집에서는 무엇보다 그 두 가지 '호사'를 누릴 수 없었다. 그런데 이상하게도 남편의 얼굴은 그리 밝아 보이지 않았다.

"당신은 이 집이 마음에 안 드세요? 표정이 어둡네요."

"아냐, 나도 좋아."

그렇게 대답하고 웃었지만 웃음 뒤에는 여전히 어두움이 가시지 않았다. 저녁에 가족이 함께 모여 이사문제를 의논했다. 남편은 "옆 동 반지하방에 사는 부목사님이 마음에 걸린다."고 말했다. 그이다운 배려였지만 아이들과 나는 금세 얼굴이 싸늘해졌다. 아빠가 꺼낸 말은 그저 하는 말로 그치지 않는다는 걸 잘 알기 때문이다. 아이들은 생각해 보지 않은 일이라 놀랐고, 나는 생각은 했으나 교회에서 허락한 일이라 그저 따르면 된다고 여겼다. 남편은 속에 품은 생각들을 띄엄띄엄 쏟아 냈다.

"목사님 댁엔 돌이 갓 지난 아기가 있는데… 게다가 목사님은 이 교회에 우리보다 먼저 오셔서 지금까지 묵묵히 반지하방에 살고 계시고…."

그리고 결심한 듯 말했다.

"아무리 가고 싶어도 가지 말아야 할 상황이 있고, 아무리 가지 말아야 하더라도 가야 할 상황이 있는 법이다. 지금은 우리 가족이 그렇게 살고 싶은 집이지만 가면 안 될 상황인 것 같아. 내 고민을 다들 이해해 주면 고맙겠는데…."

남편의 생각은 바르고 예뻤다. 우리가 잠시나마 들떠서 기뻐했던 마음을 내려놓기가 쉽지 않았지만 남편의 바르고 예쁜 생각대로 가야 했다. 무엇보다 우리 아이들이 아빠처럼 하나님께 순종하는 신앙으로 살아가기를 바랐으므로 지금은 가지 말아야 할 상황임을 이해시켜야 했다. 빨래를 널고 햇살에 화초도 키우려던 마음을 내려놓고 아이들에게 말했다.

"처음 아빠와 함께 사역지를 찾을 때에는 사택이 딸린 교회는 생각지도 못했단다. 아마 너희들도 그때 엄마 아빠가 너희들 손을 잡고 '사택 있는 교회로 보내 주세요.' 하고 여섯 달씩 기도하던 걸 잘 알 거야. 그렇게 응답 받아서 온 교회가 여기였고… 우리가 이 교회에 왔을 때 얼마나 하나님께 감사했는지 엄마는 똑똑히 기억해. 우리 그때의 기쁨을 다시 떠올리면서 아빠 마음을 이해하자. 엄마는 우리 고은이와 동엽이가 아빠처럼 바르고 착하게 자라기를 너무너무 바라거든."

아이들은 여느 때처럼 순종해 주었다. 착한 아이들을 주신 주님께 감사했다. 무엇보다 우리는 남편이 그 교회에 처음 부임했을 때의 기쁨을 회복할 수 있었다. 그렇게 회복한 기쁨이 새롭게 주어질 편리함

보다 더 소중했다. 그러고 보면 남편의 따뜻한 배려 덕분에 가장 기뻤던 건 우리 가족이었다. 아마 시간이 흐른 뒤 아이들의 마음에도 내가 느낀 아빠에 대한 감사가 소중한 추억으로 남을 것이다.

1년 만의 기도응답

통리교회와 양문교회에서 전도사 생활을 하면서 우리는 늘 하나님께서 언젠가 교회를 개척할 길을 열어 주시기를 간절히 기도했다. 그리고 드디어 2006년 10월 21일, 샬롬교회를 개척하게 되었다.

우여곡절을 거친 뒤 개척한 샬롬교회에서 우리는 네 식구가 한 칸 방에서 살았다. 그러나 이미 오랜 세월 우리 가족은 온갖 불편한 형편에서 살아보았으므로 새삼스럽지는 않았다. 교회에 딸린 가건물에다 패널을 붙여 네 식구의 방으로 사용했다.

여름엔 한증막이 따로 없었다. 너무 더울 때는 얼음덩어리를 발바닥에 놓고 물수건으로 목을 축이며 견뎌야 했다. 반대로 겨울에는 시베리아 같아서 모두 오리털 파카를 입고 잠을 자야 했다. 그럴 때마다 우리는 작고 허름하더라도 사택이 한 채 있어서 아이들에게 공부방도 내주고, 더위와 추위로부터 조금은 비켜서 잠잘 수 있다면 얼마나 좋을까 생각하기도 했다.

1년쯤 지난 어느 날 우리의 작은 바람을 들어주시고자 하나님께서 반가운 분을 멀리서 보내 주셨다. 삼척 있을 때 교회 건너편에서 사시던 할아버지셨다. 할아버지는 몸이 편찮으신 할머니와 사셨다. 일제시대 동경 유학까지 다녀오신 분이었다. 말씀하실 때도 그 배움의 품이 느껴져서 마음이 더 다가서는 듯했다.

누구를 만나든 마찬가지지만 할아버지와 할머니가 예수님의 사랑을 깨닫고 교회에 나오시면 좋겠다는 생각이 더욱 간절했다. 남편은 할아버지 일을 자주 거들었다. 풀을 베고, 염소 우리를 짓고, 보일러도 고쳤다. 기쁘게 돕는 남편 모습을 보면 마치 할아버지 아들처럼 느껴졌다. 마음이 통하였을까? 할머니 할아버지는 우리가 출석하던 집 앞 교회로 등록하셨다. 그러고 나서 할아버지가 하시던 말씀은 잊을 수가 없다.

"이 좋은 예수를 내가 왜 이제야 믿게 되었을까?"

두 분은 우리가 그곳을 떠날 때까지 열심히 교회에 출석하면서 여생을 보내셨다. 그리고 아들네로 거처를 옮기면서 거의 6년 동안 연락이 닿지 않았다.

"죽기 전에 꼭 한 번 보고 싶었네. 자네 연락처를 여기저기 물어서 알아냈지."

우리 교회가 개척한 지 꼭 1년이 되던 날, 그렇게 반가운 손님이 방문한 것이다. 남편은 할아버지와 오랜만에 많은 이야기를 주고받으며 즐거워했다. 비록 1년 기간이었지만 개척교회 첫 1년은 정말이지 10년처럼 느껴지는 법이다. 그 세월을 반가운 할아버지와 함께 이야기하며 풀 수 있어 얼마나 감사했던지. 할아버지는 하나님께서 우리를 위해 보내 주신 천사 같았다.

그런데 돌아가시려던 할아버지가 남편 손에다 뭔가를 내미셨다. 통장과 도장이었다.

"자네들 살아가는 모습이 하도 귀해서 내가 이것이라도 주고 싶네. 우리 아이들이 용돈 하라며 준 건데 내가 차곡차곡 모아 왔어. 가만 보니 오늘을 위해서 그리 모아 온 것 같네. 옥상에다 스티로폼 깔고 네 식구가 얼마나 불편하게 살았겠나. 내 눈에 선하네. 이게 도움이 되었으면 좋겠어."

통장엔 2천만 원이 들어 있었다. 이미 사양하기 어려울 만큼 마음을 굳게 하신 뒤였다. 그 고마운 돈으로 우리는 방 두 개가 있는 반지하방을 사택으로 구하게 되었다. 1년 만의 기도응답이었고, 우리가 살아온 세월을 감사하는 계기였다.

병원에서 만난 소중한 사람들

교회를 개척한 뒤 나는 오랫동안 쉬었던 간호사 생활을 시작했다. 결혼 전 몇 년 동안 간호사로 일한 뒤로는 손을 놓았으므로 쉽지 않을 거라 생각했는데, 하나님께서는 새 일터를 허락해 주셨다. 병원에서 근무할 때 우연히 다가오는 뜻밖의 누군가를 나는 자주 만났다. 비 내리는 어느 토요일이었다. 내 마음까지 축축하게 가라앉던 그날 환자 한 사람이 다가와 물었다.

"선생님, 우울증 증세가 어떤지 아세요?"

그 물음 속에 우울한 기운이 묻어 있었다.

"우울증은 절망적이고, 죽고 싶고, 외롭고… 그런 기분이 지속되는 거예요."

그는 절망 가득한 얼굴로 "그럼 전 우울증이네요." 했다. "죽고 싶은 마음뿐이에요."라고도 말했다. 나는 잠시 기다리라고 말한 뒤 전도지를 가져와 복음을 소개했다.

"꼭 교회에 나가세요. 훨씬 좋아질 거예요. 다음에 오실 땐 출석한 교회 주보를 한 장 가져오셔서 제게 보여 주시면 좋겠어요."

그는 전도지를 주머니에 집어넣고 돌아서서 나갈 때 혼잣말처럼 중얼거렸다.

"죽으려고 싸이나(독약의 일종)를 사온 걸요."

나는 반사적으로 소리를 질렀다.

"저기요!"

그가 돌아봤다.

"꼭 주보를 가져오셔요. 다음에 꼭 가져오셔야 해요."

그는 마지못해 고개만 끄덕이며 그러겠다고 대답했다. 그를 떠나보내고 나는 무릎을 꿇었다. 주님이 그 생명을 소중히 여겨 주시기를…. 그 후 병원에서 몇 차례 그를 만났다. 그리고 만날 때마다 그가 주님의 사랑을 받고 있는 소중한 존재라고 말했다. 생명을 주신 분이 그분이고, 그분이 우리를 사랑해서 죽기까지 했다는 이야기를 전하고 또 전했다. 그런데 얼마 지나지 않아 그가 내게 뭔가를 내밀며 자랑했다. 주보였다.

"저… 교회 나갑니다."

그는 50만 원이나 주고 산 독약을 버렸다고 말했다. 주님의 사랑을 깨달은 한 생명이 죽음의 문턱에서 돌아와 그렇게 환하게 웃던 모습을 나는 잊을 수가 없다.

또 기억에 나는 사람이 있다. 보름에 한 번씩 양말을 갈아 신던 사람이었다. 주머니엔 언제나 파란색 소주병이 꽂혀 있었다. 어느 날 아침 막 출근을 해서 업무를 시작하려는데, 그가 간호사실로 찾아왔다. 의자에 앉더니 손에 든 새 양말을 건네주면서 "양말 좀 갈아 신겨 주세요." 한다. 나는 아무 생각 없이 양말을 벗겼는데, 양말에는 떨어진 각질조각들과 먼지가 가득 묻어서 지독한 악취를 냈다. 그대로 질식할 것만 같았다. 언제 갈아 신었느냐고 물었더니 보름쯤 되었을 거라며 얼버무렸다. 양말을 벗겼더니 바닥에 살비듬이 수북이 쌓였다. 징그럽고 구역질이 나서 선뜻 손이 가지 않았다.

그때 누군가 낮은 소리로 속삭였다. "얘야, 이 사람이 나라면… 그래도 이처럼 망설이고 있겠니?" 주님의 목소리였다. 얼른 손으로 그의 발을 잡고 정성껏 양말을 신겼다. 그렇게 할 때 나는 향유를 뿌리고 자신의 머리카락으로 예수님 발을 씻긴 이스라엘의 어느 여인과 같은 마음이 되었다. 오히려 내 안에 기쁨이 충만하여 누가 누구를 위해 한 일인지조차 망각했다. 나는 기도했다. '아무리 꺼려지는 사람들과 만나더라도 그에게서 주님을 보게 하소서.'

그 후 다시 그를 만났을 때도 나는 공손히 인사했다. 그리고 나면 주님을 뵌 것처럼 내 마음이 환해졌다. 누군가에게 냉수 한 그릇 대접한 일을 두고 그것이 곧 주님을 대접한 일이라고 가르치신 주님이, 한 환자의 냄새 나는 발에 양말을 신긴 일을 통해, 그동안 그렇게 마땅한 주님의 가르침조차 외면하고 살아온 나를 깨우쳐 주셨다. 그러고 보면 누군가를 만날 때 우리는 그가 누구든 주님의 얼굴을 마주하듯 대해야 마땅하다. 그리할 때, 그 만남이야말로 우리 인생을 기쁘고 의미 있게 해 줄 소중한 만남이 되는 것이다.

가난하나 부요한 교회, 서머나!

"서머나교회를 닮았구나, 이 교회는 지금…." 새벽기도 중에 주님은 이렇게 들려주셨다. 서머나교회? 요한계시록에 기록된 교회들 가운데 하나인 것은 틀림없는데 하나님께 책망을 들은 교회인지, 칭찬을 받은 교회인지 그때는 알 수 없었다. 부끄럽게도 오래 신앙생활을 한 나의 성경지식은 그리도 짧았다. 나중에 성경을 읽고 또 인터넷을 뒤져서 겨우 알아냈다. '서머나교회'에 대해 성경은 두 구절을 할애했다.

"내가 네 환난과 궁핍을 알거니와 실상은 네가 부요한 자니라 자칭 유대인이라 하는 자들의 비방도 알거니와 실상은 유대인이 아니요 사탄의 회당이라 너는 장차 받을 고난을 두려워하지 말라 볼지어다 마귀가 장차 너희 가운데에서 몇 사람을 옥에 던져 시험을 받게 하리니 너희가 십 일 동안 환난을 받으리라 네가 죽도록 충성하라 그리하면 내가 생명의 관을 네게 주리라"(계 2:9, 10).

'서머나'는 에베소에서 북쪽으로 600킬로미터 떨어진 항구도시였다. 로마에서 인도와 페르시아로 가는 길목이라 경제적으로 풍요했다. 로마의 번영이 곧 이 항구도시의 번영을 담보했기에 동방의 어느 도시들보다 친 로마적 성향을 가질 수밖에 없었다. 자연스럽게 로마황제를 숭배하는 도시로 발전했으며, 로마군이 전쟁에서 패해 추위에 떨고 있다는 전갈이 왔을 때 시민들은 자신의 옷을 벗어 전쟁터로 보내기까지 했다.

반면에 이 도시의 그리스도인들은 오히려 환난과 궁핍에 떨었다. 무엇보다 그들은 사회의 밑바닥 계층을 형성했고, 게다가 그리스도인이라는 이유로 경제적인 압박은 물론 약탈의 대상이 되기도 했다. 그런데 하나님은 서머나교회를 향해 가난하지만 사실은 부요하다고 선언하셨다. 사람으로서는 쉽게 판단할 수 없는, 그러나 하나님의 특별한 평가기준이 가난과 부요의 기준으로 적용되었을 것이다.

게다가 서머나교회는 장차 고난까지 받아야 할 교회였다. 실제로 몇몇 교회 성도들이 감옥에 갇혀 시험을 받았다. 그들 중 한 사람이 바로 위대한 교부 폴리캅이었고, 그는 서머나교회 감독이었다. 이곳 총독이 예수와 로마 황제 중 한쪽을 선택하라고 강요하자 폴리캅은 예수를 택하고 죽음을 맞았다. 그때 그가 한 고백 가운데 오늘날까지 전해지는 유명한 어록이 있다.

"86년 동안 나는 그리스도를 섬겨 왔으나 그분은 단 한 차례도 나를 섭섭하게 하지 않았으니 내가 어찌 그분을 섭섭하게 할 수 있겠습니까?"

폴리캅은 주님의 명령 곧 "네가 죽도록 충성하라 그리하면 내가 생명의 면류관을 네게 주리라." 하신 말씀을 지킨 셈이다. 서머나교회는 그런 교회였다. 궁핍하나 부요한 교회라는 구절을 읽는 순간 내 안에 머물러 있던 목소리 하나가 또 나를 압박했다.

"직장을 내려놓으렴."

이미 내 안에서 그런 울림이 조금씩 목소리를 키워 온 것 같았다. 개척교회 목회자 아내로 온전히 일하려면 늘 부족한 시간에 쫓긴다. 크고 작은 일들을 목회자 부부가 직접 해야 하는데 그 중에서도 많은 부분이 아내의 몫이다.

그러나 나는 간호사로 직장생활을 했기에 남편의 목회를 돕는 데는 한계가 있었다. 가난한 개척교회 목회자 가정이 생계를 유지하려면 내 직장생활은 피하지 못할 수단이었으므로 편하게 그만둘 수도 없었다. 사실 교회를 개척할 무렵 3년 만 더 직장생활을 할 생각이었다. 3년이 지나면 교회도 어느 정도 자리를 잡을 것이고 우리 가정의 생계도 해결되리라 예상했다. 그러나 그렇게 다짐한 3년이 지나도 교회나 우리 가정의 살림살이는 예상과 달리 크게 나아지지 않았다.

하필 그렇게 불편한 마음으로 직장을 다니고 있을 때 주님은 서머나교회의 궁핍과 풍요에 대해 말씀하셨다. 주님은 그렇게 하심으로써 내게 당신의 뜻을 분명히 하신 셈이다. 이제 주님은 내게 순종할 시간을 카운트다운 하는 것 같았다.

직장을 내려놓고

하루는 지금껏 병원에서 근무하면서 한 번도 일어나지 않은 일이 일어났다. 내가 수액한 환자가 이상증세를 일으켰다. 너무 놀라고 답답하여 주님께 도움을 구했다. 하지만 이런 다급한 상황에서 주님은 엉뚱하게도 직장을 내려놓으라고 재촉하셨다.

"네, 그럴 게요."

다급한 나머지 대답부터 했다. 다행히 환자의 상태는 나아졌다.

그러던 어느 날 수술팀에 합류해 집도의의 수술을 보좌할 때 또 사건이 일어났다. 환자가 도대체 지혈이 되지 않았다. 며칠 사이로 연이어 터지는 사건, 거기에는 심상찮은 무언가가 도사리고 있음에 틀림없었다.

"주님, 무슨 일이시죠?"

수술팀이 철수하고 5분 정도 홀로 주님 앞에서 기도했다. 주님이 하실 말씀을 이미 알고 있는 것처럼 나는 다짐했다.

"이 환자 지혈시켜 주세요. 그러면 제가 직장 내려놓을 게요."

기도하는 중에 머릿속에 떠오른 처치 방법을 담당의사에게 이야기했다. 다행히 환자는 정상을 되찾을 수 있었다. 그리고 나는 이튿날 사직서를 제출했다. 병원에서는 더 좋은 근무조건을 제시하며 사직시를 빈려했다. 마음이 흔들렸다.

"그러면 한 번 더 생각해 볼 게요."

순간 주님께 드린 약속이 생각나면서 화들짝 정신이 들었다.

"아닙니다. 더 이상 직장생활을 하기가 힘들 것 같습니다. 이해해 주세요."

도망하듯 사직서를 제출하고 병원을 나오면서 앞날을 생각했다. 생활대책은 없었다. 잔고가 바닥 난 통장만이 거듭 떠오를 뿐이었다. 겉으로는 당당했으나 속으로는 막막했다. 2009년 여름, 등으로 땀이 흘렀고 한숨이 나왔다. 그러나 입으로는 내 머리와 다른 용기가 샘솟았다.

"주님이 주시면 먹고, 안 주시면 굶지 뭐."

아무리 힘든 시간을 헤쳐 나오면서도 주님은 한 번도 우리를 굶도록 내버려 두지 않으셨다. 내 머리로 두드려 본 계산은 그저 계산일 뿐이었다. 그런 계산을 훌쩍 뛰어넘어 우리를 인도하셨던 주님이셨던 걸 나는 또 깜빡깜빡 잊고 있었다.

서머나교회를 향해 "궁핍하나 부요하다."고 선언하셨던 주님이시지 않았던가. 비록 가난하였으나 하나님의 백성으로 굳세게 제 갈 길을 가는 교회가 서머나교회였고, 그런 교회를 주님이 칭찬하셨으며, 우리가 개척한 샬롬교회를 향해 서머나교회를 닮았다고 하신 그 주님께서 먼저 그의 나라와 의를 구하라 하신 것 아닌가. 그러면 인생에서 필요한 모든 것을 때에 따라 더하겠다고 약속하시지 않았던가. 그런데 나는 지금 더 무엇을 염려하고 있는지 피식 웃음이 났다. 우리는 그 이후 한 번도 굶지도 않았고 구걸하지도 않았다.

순종하는 교회, 빌라델비아!

서머나교회의 비전을 우리에게 보여 주신 주님은 이듬해 새해가 밝았을 때 다시 빌라델비아교회의 비전까지 더해 주셨다.

"네가 작은 능력을 가지고서도 내 말을 지키며 내 이름을 배반하지 아니하였도다."(계 3:8)라는 기록이 빌라델비아교회를 잘 보여 주는 대목이다. 빌라델비아 지역 성도들도 서머나교회 성도들처럼 사회적인 신분이나 지위만으로 보면 변변치 않았다. 그럼에도 불구하고 말씀에 순종함으로써 말씀을 지켜 냈고, 핍박과 고난 속에서도 주를 배반하지 않았다. 그래서 주님은 빌라델비아교회가 시련을 겪게 될 때 지켜 주겠노라고 약속하셨다.

우리 교회가 가난할지라도, 보잘것없을지라도 주님께 순종함으로써 부요하며 능력 있는 교회가 될 것이었다. 순종하는 교회의 모습은 우리를 통해서 하나님께서 오랫동안 다듬어 오신 모습이었다. 예수님의 사역을 한 마디로 표현하면 그 또한 순종이었다. 순종을 통해 십자가의 저주를 받으시고 결국 새 인류의 시작을 선언하셨다. 그분을 통해 인류는 생명을 누릴 수 있게 되었다. 히브리서 10장 9절에선 예수님이 이 세상에서 살아내신 단 한 가지 목적이 나온다.

"보시옵소서 내가 하나님의 뜻을 행하러 왔나이다."

순종을 통해 우리를 주님께 내어드릴 때 주님은 비로소 우리 안에서 일하실 수 있다. 빌라델비아교회를 통해 우리에게 주신 비전은 곧 순종하는 교회였다. 순종하기 위해 우리는 하나님과 친밀하게 교제할 것이다.

앤드류 머레이는 "전적인 순종에 도달하기 위한 온갖 시도는 우리가 하나님과 영속적인 교제를 나누기 위해 다가갈 때까지 실패하게 될 것"이라고 말했다. 완전한 순종은 그분과의 완전한 하나 됨이다. 그분의 마음을 갖고, 그분의 눈으로 바라보며, 그분의 발걸음에 나를 맞춤으로써 우리는 완전한 순종에 이를 것이다.

그러고 보면 주님은 이미 오래 전부터 우리에게 샬롬교회의 비전을 보여 준 셈이다. 강원도 산골 오두막에서부터 우리는 언제나 하나님이 지시하시는 방향으로 우리 눈과 귀를 집중하였다. 조금이라도 뒤처지거나 앞서면 그 목소리를 들을 수 없을까 봐 종종걸음을 치며 바짝 뒤쫓았다. 주님은 귓속말로도 말씀하셨고 천둥 같은 소리로도 말씀하셨는데, 우리는 그 말씀을 이정표 삼아 그분의 손가락 화살표가 가리키는 방향으로 움직일 수 있었다.

"어디가 그렇게 예뻐서 이렇게 사랑해 주실까?"

우리는 가끔 이런 질문을 해 본다. 알 수 없다. 예쁜 구석이 하나도 없는 것, 그걸 예쁘게 보셨다면 모를까, 그이나 나나 참으로 '적은 능력'의 소유자들이다. 그런 우리가 이 세상을 살아가며 사람들이 알지 못하는 기쁨을 누린다. 하늘이 주신 기쁨이다. 사람들은 알지 못하는 신비한 기쁨이다. 이 비밀을 소중하게 여기신 것일까? 그래서 우리를 통해 이 비밀을 밝히시려는 것인지도 모르겠다.

민수 아빠

• 민수 아빠는 만물상에서 점원으로 일했다. 그 가게는 불교 용품과 점집에서 쓰는 물건들을 취급했다. 다행히 우리 교회를 다니면서 새 직장으로 옮겼고, 우리는 그의 이직을 함께 기뻐하며 축하해 주었다. 민수 아빠는 샬롬교회가 처음 생겼을 무렵 나왔으니 그를 만난 지도 꽤 오랜 시간이 지났다. 그는 술과 담배를 즐겼고, 한밤중에도 술 취한 목소리로 전화했다. 민수 엄마도 부부싸움을 하고 나면 가장 먼저 교회로 전화했다. 남편에게 맞아 상처가 났다는 소리를 듣고 응급약품을 챙겨 놀란 가슴으로 뛰어간 적도 있었다.

한번은 이 부부가 임신을 했다며 기뻐하더니 얼마 지나지 않아 다운증후군이라 낙태를 한다는 바람에 또 우리를 놀라게 했다.

"아이는 우리가 키울 테니 낙태는 생각하지 마."

그렇게 달래고 달랬는데도 분만 예정일이 가까워지자 또 낙태를 하겠다고 하여 우리를 애타게 만들었다. 산모가 굶을까 봐 우리가 먹을 끼니조차 잊고 쌀이며 고기며 미역을 사다 날랐다. 민수는 그렇게 태어났다. 민수가 백일이 되던 날도 잔치를 할 수 없는 형편이라 온 교회식구들이 함께 지지고 볶아 백일상을 차렸다.

그런데 백일잔치를 연 지 며칠 지나지 않아 민수 엄마는 집을 나가 버렸다. 그때부터는 민수 아빠가 민수를 업고 기저귀 가방을 메고 교회에 나왔다. 아이에게 뭔가 필요한 것이 생기면 교회를 찾았다.

몇 개월을 안 나오다가 한 달 정도 다시 교회에 나오기를 반복했다. 하지만 교회에 안 나올 때도 술만 취하면 전화를 했다.

"제발 저를 잊지 말아 주세요. 절대 배신하지 않을 게요."

민수 아빠가 그렇게 행동할 때마다 마음속으로는 화가 났다. 무슨 말을 하더라도 믿어지지 않았다. 그냥 '또 속아 주자' 하는 생각이 들 때가 많았다. 그렇게 보낸 세월 속에서 민수는 세 살이 되었다. 이제는 민수를 보면서 내 마음을 바꾼다. 얼마나 고통스러우면 저럴까 생각하며 안타까워도 한다.

그날도 민수 아빠는 몇 달 동안 교회에 나오지 않다가 예배가 끝난 오후 늦은 시간에 교회 문을 열고 들어왔다. 맑은 정신으로는 교회 오기가 두려웠는지 술을 한 잔 마신 뒤였다.

"하나님은 내 맘을 다 이해하시겠죠?"

하지만 그 말이 내게 와 닿지 않았다. 자기 편한 대로, 하나님 아랑곳없이 함부로 살다가 힘이 들면 그리 신세타령이나 하면서 어떻게 하나님이 다 이해하실 거라고 말하지? 그저 의아할 뿐이었다. "그러는 너는?"

순간 그런 울림이 내 안에서 들렸다. 나는 민수 아빠보다 나은가? 하나님께 내 처지를 다 아실 것이라고 넋두리할 만큼 나는 떳떳하게, 다르게 살아왔던가. 부끄러워졌다. 갑자기 민수 아빠가 안쓰러웠다. 나는 작은 목소리로 기도했다.

"주님, 이 가정을 긍휼히 여기셔서 자비를 베풀어 주세요."

늦은 점심을 차렸다. 그렇게 민수와 민수 아빠가 식사하는 사이 돌아갈 때 들려 보낼 김치를 챙겼다. 고맙다는 인사를 하는 그에게 은근히 협박도 했다.

"다음엔 예배시간 지나서 오면 다신 문 안 열어 줄 거예요."

민수 아빠는 웃으며 "예배시간에 올 게요." 하고 돌아선다. 하지만 늦으면 어떤가. 아버지에게 돌아오는 아들의 마음이 그에게 있다면 그게 어딘가. 감사할 일이지 않은가. 계단을 내려가는 부자를 축복했다.

늘 설레는 주일 아침

주일을 준비하려면 금요일부터 바쁘다. 미리 장을 봐야 한다. 조금이라도 싸게 많이 사려면 시장이 파할 무렵이 좋다. 장을 볼 땐 동엽이가 늘 함께했다. 중학생이던 동엽이는 그때부터 짐꾼을 자청했다. 처음에 엄마 짐을 받아 들면서 능청스럽게 말했다.

"엄마, 제가 이래 뵈도 남성 호르몬이 있어서 엄마보다 힘이 더 세거든요."

그렇게 짐을 뺏어 들고는 땀을 삐질삐질 흘리며 저만큼 달아나던 모습이 선하다. 이렇게 목요일과 금요일 장을 보고, 토요일에는 예배당을 청소하고 야채를 다듬어 저녁 늦게 국을 끓였다. 진국을 먹으려면 푹 끓여야 한다. 화장실 청소는 늘 내 몫이다. 남편은 마포걸레로 예배당을 닦았다. 고은이는 손걸레로 강대상과 피아노를 닦았다. 동엽이는 1층부터 4층까지 계단을 쓸고 닦았다. 겨울에는 손이 시리다고 투덜거렸지만 늘 반짝반짝 닦았다. 4층에는 어린아이 둘을 키우는 건물주인 딸이 사는데, 나는 동엽이에게 4층까지 꼭 닦도록 시켰다.

이렇게 맞이하는 주일 아침이 얼마나 설레었는지 모른다. 하나뿐인 우리 방은 그날 하루 종일 성도들이 교제하는 공간이 되었다. 그렇게 섬길 성도들이 있어 우리는 행복했다. 때로는 등록도 하지 않은 채 아침부터 점심, 저녁까지 먹고 오랫동안 이야기를 하다가 밤 9시가 되어서야 떠나는 분도 계셨다. 처음엔 반가웠던 분이 시간이 지나면서 얄밉다가, 또 시간이 흐르면 고마워졌다. 목회라는 게 그렇게 누군가를 섬기고 사랑하는 일이란 걸 우리는 배워 갔다.

신실한 주의 청년들

우리 교회와 길 하나를 사이에 두고 또 하나의 교회가 있다. 이 교회에서 사역간사라는 분으로부터 전화가 왔다.

"컴패션 후원의 밤 행사에서 김 목사님에 대해 알게 되었어요. 가까이 있으면서도 찾아뵙지 못해 미안합니다. 저희가 샬롬교회를 한 번 방문해도 되겠습니까? 샬롬교회를 위해 뭔가 해야 할 일이 있을 것 같아서요."

가까이 있는 교회로부터 이런 전화를 받아 본 건 처음이었다. 그러고 나서 얼마 뒤 이 교회 청년부 회원들이 우리 교회를 방문했다. 처음 본 얼굴들인데도 이미 오래 전부터 알고 지냈던 사람들처럼 친숙했다. 돌아갈 때 청년들은 한 가지 약속을 했다.

"저희 청년 회원들이 하루 날을 잡아 구두를 닦은 뒤 수익금을 가지고 다시 찾아뵙겠습니다."

"기도해 주시는 것만으로도 감사한 일인 걸요."

우리는 이 청년 회원들의 사랑을 기꺼이 받아들이기로 했다. 우리는 통로이니까, 그리고 도구일 테니까, 우리를 통해 다른 곳으로 흘러갈 테니까. 이제 그들이 가져다줄 소중한 사랑의 물질이 어디로 흘러가야 할지 주님께 조용히 여쭤야 할 것 같았다.

청년들이 돌아간 뒤 내 안에 슬며시 부러움이 솟았다. 지금까지 한 번도 대형교회를 부러워해 본 적이 없었는데, 이 교회의 신실한 젊은 청년들이 무척 부러웠다. 그들이 가져다준 행복이 참 따뜻했으므로.

언젠가 주님 앞에 서는 그날에는 우리 교회, 남의 교회가 따로 없을 테니 이런저런 담들이 무너지고 모두가 주님의 자녀로 하나가 될 것이므로, 부러운 그들을 우리의 청년으로 생각하기로 했다. 한꺼번에 신실한 주의 청년들이 가득 생겨난 듯했다.

제4부
루게릭병을 넘어

지난 주일부터 그이의 말이 눈에 띄게 더 어눌해졌다.
내 마음은 타 들어간다.
떠나는 성도들이 늘어나지만 잡을 수가 없다. 비어 있는 자리를 아쉬워하면서도 차마 전화할 자신이 없어
전화기를 들었다가 다시 놓기를 몇 번째 하는지 모른다.
주님께 더 이상 "왜?"라고 묻지 않기로 결심했다.
당신이 하시는 일이니 묻지 않고
묵묵히 하루하루 살아내기로 남편과도 다짐했다.

남은 건 하나님 밖에

우리는 언제나 가난했다. 그렇다고 가난 때문에 주눅 들지는 않았다. 거짓말 같지만 때로는 가난을 즐기기도 했다. 누추하고 보잘것없는 '가난의 사랑방'으로 주님이 오실 때면 우리의 가난이 오히려 자랑스러웠다.

그러나 그이 몸이 불편한 뒤로는 삶이 힘겨웠다. 2010년은 그런 시간들이었다. 이상한 증상이 보였다. 다리에 힘이 빠지면서 넘어지는 일이 잦았다. 병원에 가서 이것저것 검사를 받았다. 뇌에 이상이 있을까도 생각했다.

의사는 루게릭의 가능성을 열어 두었다. 뇌 MRI 검사결과를 확인하던 날은 하필 사람들이 명절 분위기로 즐거운 추석 전 날이었다. 뇌 MRI 검사를 받는 사람들은 대개 종양이 발견되지 않기를 기도한다. 그러나 우리는 그 반대였다. 종양이 있다면 그래도 다행이라고 생각했다.

하지만 검사결과는 종양이 전혀 없었다. 그런 결과를 받아 든 우리는 더욱 마음이 아팠다. 뇌종양이야 종양만 없애면 될 테니까 차라리 나을지도 모른다. 싸울 대상이 명확할 때 싸우고자 하는 의지도 생기는 법이다. 하지만 대상이 누구인지조차 감을 잡을 수 없을 때는 의지력마저 온데간데없이 사라지게 마련이다.

뇌에 종양이 없어 이제 그이의 병은 불치병인 루게릭병으로 점점 좁혀드는 셈이다. 그 심정을 누가 알 수 있을까? 흔하지 않은 질병은 환자를 두렵게 만든다. 추석을 앞둔 그날 우리는 그 암담한 결과를 받아들고서, 그래도 추석이니까 감사의 제목을 찾아야 했다. 감사해야 하는 날이니까.

"여보, 우린 참 가진 게 없네요. 당신 병은 세계적인 희귀병이고 불치병인데… 우린 돈도 없고, 이럴 때 편의라도 봐 줄 의사 하나도 없네요. 그냥 캄캄하네요."

"다행이지 뭐."

그이는 다행이라고 했다. 내가 잘못 들었을까? 아니, 분명히 그랬다. 다행이라고. 뭐가 다행일까? 다 포기할 수 있어서? 더 이상 희망 같은 걸 붙잡지 않아도 되어서? 그이는 말을 이었다.

"돈 싸 들고 치료하러 뛰어다니지 않아도 되잖아. 고치지도 못할 의사에게 살려 달라고 떼쓰지 않아도 되잖아. 그러니 감사하잖아. 남은 건 하나님밖에 없으니까."

하나님 아닌 어떤 대상도 의지할 수 없게 되었을 때, 그때가 어이없게도 감사할 때란 사실을 그이는 내게 가르쳐 주었다. 이제 우리가 갈 길은 명확했다. 하나님께서 일하시기를 기대하고 바라볼 뿐이었다. 우리에게 닥친 상황은 우리가 원하든 원하지 않든 하나님의 선택에 따라 좌우될 것이었다. 우리는 그저 하나님을 바라보고 그분께 모든 것을 맡기면 되는 것이었다. 순종할 수밖에 없는 아주 특별한 상황으로 이끌어 가시는 주님께 감사할 뿐이었다.

하나님께서 일하시기를 기다리는 것, 여기서 기다림은 결코 수동형이 아니라고 생각한다. 이는 하나님의 일 속에 참여하는 것이다. 씨를 뿌린 사람만이 열매를 거두는 것과 같다. 하나님은 이제 남편의 연약한 몸을 통해 어떤 이야기를 만들어 가실까? 우리에게 펼쳐질 크고도 은밀한 이야기를 기대하며 흥분도 되었다. 그날 우리는 감사 기도를 올렸다.

"주님, 우리같이 비천한 사람들을 택하셔서 주님의 특별한 일에 동참하게 하시니 감사합니다. 언젠가 우리 입술을 통해 주님이 행하신 위대한 일을 증언하게 해 주십시오. 주님의 충성스런 종으로 그저 순종하게 해 주십시오."

구두닦이 전도사

"사모님, 오늘 대통령께서 전도사님 이야기를 하셨어요."

"그게 대체 무슨 말씀이래요? 우리는 대통령을 직접 뵌 적도 없는걸요."

"신문에 났어요. 국가조찬기도회 때에 전도사님 이야기를 하셨대요. 아무튼 인터넷으로 검색해 보세요."

멀리 떨어져 살지만 잘 알고 지내던 목사님이 전화를 해서는 뜬금없는 소식을 전해 주셨다. 인터넷을 열어 검색창에 '김정하 전도사'

를 넣었다. 대통령의 국가조찬기도회 인사말 전문이 올라와 있었는데, 인사말 가운데에 그이 이야기가 있었다. 남편 이야기를 실은 신문 기사를 참고하신 모양이다.

저는 얼마 전 김정하 전도사 이야기를 들었습니다. 장애가 있는 몸으로 구두를 닦아서 번 돈을 가지고 아프리카 아이들을 후원하고, 실직자, 알코올중독자, 조손가정을 도와 온 것을 알게 되었습니다. 또한 그는 갑자기 찾아온 장애 가운데서도 '장애인의 마음까지 알게 해 주신 하나님께 감사한다.'는 이야기를 했습니다. 김 전도사님의 이야기는 우리 자신들을 되돌아보게 합니다.

우리는 2006년 샬롬교회를 개척하고 나서 얼마 지나지 않아 한국 컴패션을 통해 소개받은 두 어린이에게 후원금을 보내기 시작했다. 부르키나파소의 제나보우(9세)와 에콰도르의 루이스(11세)였다. 둘은 우리가 보내는 얼마 안 되는 후원금으로 공부를 할 수 있었다. 그리고 그것이 그들에겐 희망의 작은 불씨 역할을 했다. 한 번도 가 보지 못한 먼 나라의 어린이가 우리 마음이 담긴 후원금으로 캄캄한 인생에 희망을 지필 수 있다는 사실이 얼마나 기뻤는지 모른다. 우리는 제나보우와 루이스의 사진을 볼 때마다 '우리 아이' 같은 마음이 새록새록 자랐다.

1년쯤 지난 뒤 우리는 한국 컴패션 후원행사에 초대를 받았다. 그 자리에서 후원을 기다리는 또 다른 다섯 명의 어린이와 눈길이 마주

치고 말았다. 풍선 속에 담긴 그들의 사진에서 그 똘망똘망한 눈망울을 보는 순간 남편은 거절할 수 없는 부담감에 휩싸였다. 그날 이후 이 아이들의 얼굴은 우리 맘에서 떠나지 않고 남아서 마음을 뒤흔들었다.

"제나보우와 루이스 둘도 우리 형편으로는 만만치가 않은데… 또 할 수 있을까?"

"그러게… 하지만 하나님께선 우리가 이 아이들을 품어 주기를 바라시는 것 같아. 아이들의 눈망울이 자꾸만 생생하게 어른거리고 있으니…"

내 염려를 이해하는 듯 남편은 근심 어린 낯빛으로 대답했다. 우리는 그동안 제나보우와 루이스에게 매달 제때에 후원금을 보내기 위해 쌀이 떨어져도 쌀을 사지 않고 후원금부터 보내야 했다. 신문 구독도 중지했고, 아이들이 마시던 우유도 끊었다. 다행히 한 번도 후원금을 미루지 않았다. 그런 과정을 잘 알고 있었기에 나는 물론 남편도 선뜻 결심할 수 없었다. 우리는 고민에 빠졌다. 다시 며칠이 흐른 어느 날 남편이 밝은 낯빛으로 달려와서 말했다.

"여보, 우리 그 아이들 후원합시다."

"어떻게 하시게요? 뾰족한 수라도 생긴 거예요?"

또 무슨 결심을 한 걸까 궁금했다. 그이는 이런 경우 엉뚱한 방식으로 문제를 해결하는 데 익숙했다. 나를 포함하여, 아니 그이를 제외하고는 모두가 '저건 이상해.' 하고 생각하는 것을 그이는 '굿 아이디어' 랍시고 내놓았다. 더욱 황당한 건 자신이 정한 '굿 아이디어'

를 끝내 실천해 내고 만다는 사실이었다. 아무튼 이번엔 또 뭘까 궁금했다.

"구두를 닦아서 후원금을 벌어 볼까 해. 내가 군대 있을 때 고참들 구두를 닦아 주었거든. 그래서 내가 구두 닦는 데는 선수라고."

구두를 닦는다고? 이이가 이제는 별 생각을 다한다 싶어 허허 웃음만 나오는데, 이 사람 벌써 구두 닦는 데 필요한 장비들 목록까지 뽑아놓고 있었다.

"하나님께 여쭤 봤어. '주님! 무슨 수로 다섯 명이나 되는 아이들을 더 후원합니까? 우리 집 형편 잘 아시잖아요?' 그런데도 묵묵부답이신 거야. 고민이 되잖아. 신문배달을 해 볼까, 우유를 배달할까, 폐지를 주워 볼까, 이런저런 생각을 다 했어. 거 있잖아 스티커 붙이는 알바, 그것도 떠오르더라니까. 하지만 매일 새벽 새벽기도회를 인도해야 하고, 이런저런 목회세미나도 참석해야 하니 어느 것 하나도 만만치 않더라고."

구두를 닦겠다고 결심하기까지 남편은 수많은 생각을 펼쳐 낸 것이다. 그 마음이 느껴져 짠했다.

"오늘 먼지 앉은 내 구두를 닦는데 갑자기 그런 생각이 드는 거야. 하나님의 음성 같았어. '너에게는 군대에서 배운 구두 닦는 실력이 있잖니?' 가만 생각해 보니 오른팔이 좀 아프긴 하지만 아직은 멀쩡하게 쓸 수 있잖아. 당신 생각은 어때?"

구두통을 들고 다니며 새까만 손으로 구두를 닦는 목회자의 모습을 한 번도 본 적이 없는지라 나는 뭐라 말할 수가 없었다. 그러나 어떻게든 다섯 어린이들에게 후원금을 보내고 싶어 하는 그이의 애절한 마음이 느껴져 아무 소리 못하고 그렇게 하시라며, 오히려 당신은 구두 닦는 모습조차 거룩할 것이라고 격려까지 했다. 남편은 아이들에게도 동의를 구했다.

"아빠 생각 어때? 내일부터 당장 교회 계단 앞에서 구두를 닦을 거야. 괜찮겠지?"

아이들은 갑작스런 아빠의 계획에 생뚱맞은 표정으로 바뀌었지만 아빠 고집을 모르지 않기에 조심스럽게 염려했다.

"아빠 뜻은 이해하는데, 구두를 닦는 아빠가 강단에서 설교를 하시면 성도들이…."

그러자 남편은 아이들의 말꼬리를 가로챘다.

"야 이놈들아, 하나님께서 중심을 보시지 언제 외모를 보고 사람을 판단하신다고 했니? 미안하지만 너희들의 생각은 접수할 수가 없다. 이번엔 아빠 생각이 맞는 것 같아."

이럴 땐 정말이지 독재자다. 하지만 아빠의 독재가 지금까지 별로 어긋나지는 않았으니, 게다가 고생을 자초하겠다고 나서는 마당에 아이들이 이렇다 저렇다 토를 달 수는 없었다. 남편은 아이들이 자신의 계획에 맞장구라도 쳐 줄 것이라 기대했던지 괜히 물어봤다는 표정을 감추지 못했다. 아무튼 그렇게 남편의 구두닦이 알바는 시작되었다.

그리고 곧장 한국 컴패션으로 전화해 우리 결심을 전했다. 다시 다섯 명의 아이들이 비록 멀리 떨어져 살지만 가슴으로는 우리 가족이 되었다. 페루의 헤수스(7세 남자), 동인도의 리켄샤(7세 여자), 볼리비아의 조엘(4세 남자), 콜롬비아의 사리끄(7세 여자), 케냐의 에릭(6세 남자)이 그들이다. 제나보우와 루이스까지 하면 모두 일곱이다.

남편은 그날 당장 구두통을 만들고 구두약과 융으로 된 헝겊, 솔, 토시, 슬리퍼 세 켤레를 구입했다. 그래 봐야 2만 원도 채 들지 않았으니, 그야말로 밑천 안 드는 사업을 하나님께서 제대로 일러 주신 모양이다. 남편의 얼굴에는 다시 웃음꽃이 피어났다. 휘파람을 불면서 뭐가 그리 즐거운지 구름 위를 나는 사람 같았다.

그러나 문제는 '어떻게 고객을 유치하느냐'였다. 남편과 내 눈에는 길거리를 지나가는 사람들 신발만 보였다. 근처 아파트 입구에서 오랫동안 구두를 닦아 온 분을 찾아가 이런저런 조언도 구했다. 이웃 교회에 출석하시는 성도였는데, 재료를 싸게 구하는 곳 등을 친절하게 알려 주었다. 하지만 실제로 부딪치고 경험해 보는 것이 최선이라고 했다. 구두 닦는 일에 왕도는 없었다.

부동산중개소 사장님은 길 건너 사교댄스교습소에 들러 보라고 귀띔해 줬다. 그러나 예상과는 달리 무도화를 신기 때문에 구두를 닦을 일이 없었다. 철물점, 약국, 옷가게, 상가사무실 등을 두루 다녔지만 대부분 요즘같이 경제가 어려운 때 구두를 돈 주고 닦는 사람이 어디 있느냐며 쉽지 않을 거라는 전망만 내놓았다.

물론 그렇다고 주눅 들 남편이 아니었다. 그이는 별로 웃기지 않는 농담을 설교 중에도 많이 활용했는데, 실패는 실을 감을 때 쓰는 물건이고 포기는 배추를 헤아릴 때 쓰는 단위일 뿐이라는 말도 자주 썼다. 남편은 예의 그 농담을 다시 꺼내면서 "포기하지 않으리라. 파이팅"을 외쳤다. 그리고 상가 점포들을 찾아가 "구두 닦는 손님이 생기면 제게 연락해 주세요."라고 부탁하며 홍보지를 붙였다.

구두 닦습니다!
2,000원 수익금 전액은 불우아동을 위해 사용됩니다.
☎ 010-****-****

이런 내용이 적힌 홍보지였다.
특히 한 건물을 쓰는 당구장과 부동산중개소와 식당의 사장님들은 남편이 1층 현관 입구에서 구두를 닦을 수 있도록 양해해 주셨다. 아무튼 남편의 영업은 한꺼번에 대박을 치지는 못했지만 남편은 몸이 감당할 수 있을 때까지 구두를 닦았다. 얼마 안 되는 수입이었지만 그 돈으로 다섯 아이에게 작은 희망을 선사할 수 있었다.
하지만 불편한 점도 생겼다. 불쑥불쑥 구두 닦아 달라고 걸려오는 전화 때문에 늘 '대기 중' 상태여야 했다. 주일 예배 설교를 준비하기 위해 집중해야 하는 토요일엔 그렇게 걸려오는 전화들이 신경을 거슬리게 했다. 그래서 주일과 수요일, 토요일은 예배를 인도하고 준비하기 위해 웬만하면 영업을 멈추었다.
그러나 상황에 따라 휴업방침을 포기하기도 했는데, 어느 토요일엔 설교를 준비하다가 휴대폰이 울리자 "이 바쁜 시간에 누굴까?" 하며 전화를 받더니 갑자기 "네, 닦아야죠. 기다리세요. 곧 내려가겠습니다." 하며 3층에서 1층까지 쏜살같이 뛰어 내려갔다. 그이에게 "웬일이세요?" 하고 물었더니 "요즘 같은 불경기에 이게 어디야?" 하고선 사라졌다. 그리고 한참 후에 싱글벙글한 얼굴로 올라왔다.

"수지맞았나 봐요?"

"응. 식당 주인아주머니네 구두를 닦아 드렸어. 반 부츠에다 남편 되시는 분 구두를 번쩍번쩍하게 닦아서 갖다 드렸더니 만 원짜리를 주시더라고. 잔돈 없냐고 했더니 좋은 일 하시는데 거스름돈은 안 줘도 된대. 구두 닦으면서 나처럼 수지맞는 사람은 없을 거야. 헤헤."

남편 말대로 남편의 구두닦이 영업은 수지맞는 장사였다. 수익금으로 좋은 일을 한다는 소문이 나서 그런지 식당 주인아주머니처럼 거스름돈을 안 받는 분들이 적지 않았다. 그러나 그보다 더 수지맞는 일이 벌어졌는데, '구두 닦는 전도사' 이야기가 여기저기 퍼져 나가면서 많은 분들이 후원해 주기 시작했다.

차인표 씨로부터 젊은이들에게 간증을 해 달라는 초청을 받기도 했고, 별것 아닌 간증을 하고 나서 거액의 사례비까지 받았다. 또 광고계의 전설이라 불리는 웰콤 대표 문애란 씨는 새해 첫날 교회까지 직접 찾아오셔서 세뱃돈이라며 거액을 후원해 주셨다. 그 밖에도 여러 곳에서 초청을 받아 말씀을 전하기도 하고 간증도 했으며, 신문에도 소개되고 방송도 탔다. 수지가 아니라 대박이었다.

"별일이지? 가슴으로 낳은 아이들이지만 우리 아이들인데, 그 아이들 위해 구두를 닦는데 하나님께서 이렇게 수지를 맞게 하시네. 신기한 일이야, 그렇지?"

그이가 이처럼 행복하게 웃는 모습을 언제 또 보았을까 싶다. 루게릭병이 진행되면서 남편은 이제 혼자서 몸을 움직이는 게 불가능해졌다. 자연스럽게 구두닦이 일을 내려놓을 수밖에 없었다.

병이 일한다

"병이 일을 하네."
"무슨 뚱딴지같은 말씀이세요?"
"하나님이 병든 나를 더 요긴하게 쓰시는 것 같아. 말도 어눌하고 손발도 제대로 못 쓰는 사람이 전도하니까 오히려 건강한 사람이 전도할 때보다 더 주목을 하는 거야."

남편은 입원해 있을 때도 옆 침상에 함께 있던 분과 사귀었고 사흘 동안 예수님 이야기를 했다. 그리고 한 달쯤 지났을 때 그는 가족까지 함께 예수님을 구주로 영접했다. 남편은 또 환자복 차림으로 병실을 다니면서 전도했다. 누가 보면 전도하기 위해 위장해서 병원에 침투한 사람처럼 보이지 않았을까 싶기도 하다.

퇴원한 뒤에도 남편은 전도하는 일만은 멈추지 않았다. 저녁이 되면 남편은 다정하게 그날 자신이 만난 사람들에 대해 이야기했다. 이제 몸을 가누기 힘들 텐데도 그런 자신을 망각한 듯 움직이는 남편을 보면 은근히 걱정도 된다. 그래서 "힘들지 않아요?" 하고 물어보면 언제나 천만의 말씀이라는 식이다.

"오늘은 내가 할머니가 끄는 손수레도 밀어 주었어. 아직 나 힘세.

당신은 걱정일랑 하지를 말어."

"그러다 미끄러지기라도 하면 어쩌려고요. 다음부턴 그러지 마셔요."

"언덕까지 할머니 손수레를 밀어 드리면서 내가 예수님 이야기를 해 드렸거든. 언덕에 다 올라가서는 할머니가 내 손을 꼬옥 잡고 아무 말 없이 눈물만 흘리시더니 글쎄 뭐라고 하셨는지 알아? '내 꼭 교회 갈게.' 그러시는데 내 눈까지 뜨거워져서 혼났구먼."

그 이야기를 듣는데 내 안에서도 눈물이 고였다. 나는 그날 밤 늦게까지 잠을 이루지 못했다. 할머니는 그이 손을 잡고 왜 눈물을 흘렸을까, 어떤 인생을 살아오셨기에 장애를 가진 남자가 건넨 작은 친절에 교회 가겠다는 다짐까지 했을까, 왜 복음은 그렇게 낮은 데서 낮은 데로만 흘러흘러 가는 걸까, 하나님은 이제 그이를 영영 저런 모습으로 쓰실 작정일까…, 그런 질문들이 끝 간 데 없이 이어졌다.

시간이 흐르면서 남편이 루게릭병으로 고통당한다는 걸 많은 사람들이 알게 됐다. 그런 사실을 알게 된 분들은 백이면 백 모두 기도의 대오에 참여해 주었다. 평소에는 기도를 하지 않다가 그이를 위해 기도하기 시작하면서 다시 기도생활을 시작한 이들도 생겼다.

소문은 이제 누구보다 알리고 싶지 않았던 가족들, 그 중에서도 시동생 가족에게도 들어갔다. 형을 가장 사랑하면서도 여전히 목회를 하는 형에게 불만이 많던 아우였다. 형이 이제 불치병으로 앓고 있다는 소리를 들으면 어떤 모진 반응을 보일지 두려운 마음에 숨겨왔는데, 결국 소문이 거기까지 가 버렸다. "그렇게 예수 믿고 신학까지 한 결과가 고작 이겁니까? 이제 앞으로 어떻게 하실 작정입니까?" 시동생 입에서 그런 말들이 나올까 봐 우리는 겁이 났다. 하나님은 남편을 저 모양으로 만드시고 욕까지 듣게 하신다고 생각하니 화가 치밀었다. 세상에 천하의 조물주께서 이렇게도 자충수를 두시나 싶어 답답했던 게다.

그런데 엉뚱한 일이 벌어졌다. 엉뚱한 기적? 이게 더 어울리는 표현이겠다. 형이 불치병에 들었다는 소문을 들은 시동생이 마침내 형을 찾아왔다.

"형님, 우리 집사람하고 교회 나갑니다. 3주째 교회 나갔어요. 등록도 하구요."

우리는 이 엉뚱한 기적에 말문이 막혔다.

"형님 이렇게 된 게 다 우리가 교회 안 나가서 그런 것 같아서 견딜 수가 없더라고요. 형님, 그리고 형수님, 우리가 잘못했어요."

기적은 그렇게 멀리 있지 않았다. 십 년 넘는 세월 동안 우리 부부에게 힘겨운 기도 제목으로 남아 있던 것이 이렇게 이루어졌다. 그이도 울고 나도 울었다. 그렇게 생각하고 결심해 준 시동생과 동서가 고마워서 울었다. 사람 마음을 이렇게도 뒤집을 수 있는 하나님이 신기하고 엉뚱해서 또 울었다.

'우리 교회가 성장해서 큰 교회가 되고 제법 그럴싸하게 형이 나타나면 그땐 교회에 나오겠지. 그때까지 참고 기도해야지.' 그렇게 생각한 우리들이다. 세상에, 내 길은 너희 생각과 다르다고 하셨던 그 말씀이 이렇게도 맞구나 싶었다. 도대체 그분의 방법이란 건 가늠

할 수조차 없는 일이었다. 모든 목적지에 이르는 길이 수만 가지 있어서 그 길을 다 알 수야 없지만, 그렇더라도 그분의 길은 도무지 짐작도 할 수 없는 다른 길이었다. 어떻게 우리의 가장 연약한 부분을 통해 이런 반전을 만들어 내시는가. 이런 비밀이 있는가.

그이는 지금 루게릭이란 불치병으로 시들어 가는 것일까, 아니면 하나님의 위대한 일을 하기 위해 가장 연약한 모습으로 세워 가는 것일까, 알 수 없는 일이었다.

우리는 이제 확실하게 믿는다. 병이 일을 한다는 사실을. 그래서 루게릭병을 그이는 감사한 일로 받아들였다. 감사일기에 적은 그이의 감사 제목을 나로선 선뜻 이해할 수 없다. 어쩌면 배워 가야 할 감사의 과제인지도 모르겠다.

- 남들이 아무나 쉽게 걸려 보지 못하는 희귀병에 걸리게 하시니 감사합니다.
- 희귀병을 통해 하나님께 영광을 돌리게 하시니 감사합니다.
- 성도님들이 합심하여 기도하게 하시니 감사합니다.
- 병 때문에 하나님을 알아 가는 형제가 있어 감사합니다.
- 건강할 때보다 더욱더 사랑받게 하시니 감사합니다.
- 성도님들이 루게릭병에 좋다며 이것저것 사다 주시니 감사합니다.
- 귀한 분들을 통해 귀한 약까지 값없이 먹게 하시니 감사합니다.
- 작년 겨울, 밖에는 얼음이 얼고 눈이 두 번씩이나 내린 12월 중순 어느 날에 나의 기도대로 나팔꽃이 피어 병이 나을 것이라는 희망을 주셔서 감사합니다.

- 의사가 고치지 못하는 병을 주셔서 무엇보다 하나님만 의지하고 기도와 간구로 나아가게 하시니 감사합니다.
- 루게릭병은 대개 3년에서 5년 사이에 죽는데 만약 내가 죽더라도 갑자기 죽는 것보다 미리 죽음을 준비할 수 있으니 감사합니다.
- 비록 이 병에 내가 걸릴 줄은 몰라서 당황스럽지만 아직 두 다리로 걸을 수 있어 감사하고 볼 수 있고 들을 수 있어 감사합니다.
- 날마다 강단에 엎드려 아내와 함께 기도하게 하시니 감사합니다.
- 불평은 한 가지지만 감사할 일은 너무도 많아서 결국은 감사합니다.

갚을 길 없는 빚을 지고

• 그이가 병든 뒤로, 그리고 우리 이야기가 여러 사람들에게 소개된 뒤로 우리 교회를 찾아오는 고마운 교회들이 많이 생겼다. 우리는 그들의 도움으로 이런저런 기쁨을 누린다. 성전 바닥과 예배당으로 올라가는 계단을 말끔하게 해 준 분들도 그들이다. 교회와 교회의 만남은 형제들의 만남처럼 따뜻하고 포근하다.

개척한 지 4년, 나는 예배당을 들어설 때마다, 또 계단을 오르내릴 때마다 하루도 쉬지 않고 맘속으로 해 온 기도가 있었다.

"주님, 성전 바닥과 이 계단을 깔끔하게 장식용 타일로 깔면 예배딩 분위기가 힌결 밝고 상쾌할 것 같은데…."

검고 칙칙한 계단을 볼 때마다 온갖 궁리를 해 보았다. 세제로 닦아 볼까, 페인트를 칠해 볼까…. 세제를 묻혀 수세미로 박박 닦았는데도 여전히 칙칙하여 주님께 면목이 없었다. 하지만 이제는 맘 편히 계단을 오르내릴 수 있게 됐다. 성전 바닥도 장식용 타일을 깔아 바닥에 드러누워 자도 될 만큼 밝고 깨끗해졌다. 보고 또 봐도 기분이 좋다. 밥을 안 먹어도 배가 부르다. 주님이 기뻐하실 듯해 더욱 마음이 좋다. 이 모든 공사를 어느 교회 선교 팀이 부담했다. 재료도 구입하고 작업까지 직접 해 줬다. 식사비라도 드려 대접하고 싶은데 오히려 선교비를 주시니 손이 부끄럽고 하도 고마워 눈물이 났다.

"주님, 이 고마운 분들에게 갚을 길 없는 빚을 집니다. 주님께서 갚아 주시고 이분들을 귀하게 써 주십시오."

우리는 그렇게 기도할 뿐이다.

주님의 방식, '흘려보내기'

"고 3 아들이 있죠? 아들 이름으로 생활장학금을 신청하세요."

주민센터 사회복지과에 들렀을 때 담당자가 말했다.

"그런 장학금도 있나요? 어떤 서류를 준비해야 해요?"

"학교장 추천서와 성적증명서, 자기소개서, 신청서… 그렇게 제출하면 됩니다. 신청한다고 모두가 다 선정되지는 않고 심사에서 통과해야 해요."

나는 그이가 병으로 누운 뒤로는 형편 닿는 대로 어느 정도 비상금을 가지고 있어야겠다고 생각했다. 가정에 환자가 있다는 건 여러 모로 생활과 생각의 변화를 가져오는 법이니까. 그래서 주민센터에서 알려 준 소식은 하나님의 선물처럼 반갑기 그지없었다. 집에 돌아와 그이에게 말했더니 내가 전혀 예측하지 못했던 반응을 보였다.

"우리 생활비 같지는 않아요. 얼마 전부터 부산 장애인의 집으로 후원금을 보내고 싶은 마음이 계속해서 들었거든…."

남편이 언급한 그곳은 얼마 전 신문 기사를 보고 감동을 받아 매월 조금씩이라도 후원금을 보내야겠다고 마음속으로 작정했던 곳이라고 했다. 주님은 자주 이런 방식으로 우리를 쓰신다. '흘려보내기'다. 내게 주신 듯 보이지만 나를 통해 다른 사람에게 흘려보내기를 바라시는 주님의 마음을 우리는 그동안 여러 차례 경험했다.

흘려보내기는 주님도 기쁘고, 흘려보내는 우리 또한 보람 있고, 도움을 입게 될 누군가에게도 힘이 된다. 일석삼조다. 하지만 그 가운데 있는 우리가 가장 행복한 경험을 한다. 병으로 몸 하나 가누기 힘든 그이에게, 지쳐 있는 나에게, 주님은 여전히 당신의 목소리에 귀 기울일 수 있는 힘을 주신다. 감사한 일이다.

"받은 줄로 믿고 먼저 보내라?"

나는 그이에게 하나님의 방식을 되풀이했다.

"응, 흘려보내기!"

남편의 응수다. 우리를 향하신 그분의 사랑을 확신하는 우리 부부만의 언어인 셈이다. 이런 경우 주님의 목소리를 듣는 순간 모든 상황을 앞당겨 행동해 버리는 게 우리 부부의 방식이다. 곧장 장애인의 집으로 문자를 발송했다. 얼마를 보내겠다고 미리 액수까지 밝혔다. 그리고 은행에 가서 자동이체를 신청했다.

　이렇게 확실하게 다져 놓아야 실수가 없다. 그렇지 않으면 사람인지라 마음이 바뀌게 마련이고, 마음이 바뀌면 어떻게든 나 자신과 계속 타협해 나가는 게 인지상정이다. 그러다 보면 처음 흘려보내도록 주신 액수보다 한참 밑돌게 해서 겨우 흘려보내게 된다.

　그 결과는 하나님께도 나에게도 또 누군가에게도 의미가 반감될 수밖에 없다. 순도가 높은 순종만이 모두에게 유익하다는 걸 우리는 인생을 통해 분명히 배워 오지 않았는가. 게다가 내가 조금 덜 쓰고 아끼면 누군가가 조금 더 편안해질 수 있다. 우리에게 이런 마음을 주시고, 그렇게 도구로 써 주시는 주님께 감사한다.

　이제 우리는 부산 장애인의 집과 또 하나의 귀한 만남을 가지게 되었다. 그러고 보면 만남은 하나님의 뜻을 드러내는 과정이지 싶다. 고스란히 순종한 뒤엔 언제나 충만한 기쁨이 뒤따른다. 은혜다. 하나님께서 허락하신 만남의 끝은 은혜이다. 인생이 살아가는 목적이 무엇일까? 나는 어려운 대요리 소요리 문답을 기억하기보다 하나님의 은혜를 만나기 위해서라고 기억하고 싶다.

봉고차와 짧아진 머리카락

● 그이의 몸이 점점 굳어 갔다. 운동신경들이 조금씩 제 기능들을 잃었고 예전 같지 않은 상황들이 잦았다. 이제 하나씩 놓아야 할 시간이 다가오는 셈이었다. 그이 홀로 할 수 있는 일들이 점점 줄어들었다. 그렇게 하나씩 놓아야 할 때마다 우리는 힘들어했다.

"여보, 우리 봉고… 있잖아… 음… 정읍으로 보낼까?"

그이 친구 목사님이 개척한 정읍의 평화교회를 말한다. 개척한 지 5년이 된 평화교회는 봉고가 필요했다. 우리 교회에 다른 차가 생기면 꼭 평화교회로 보내야겠다고 생각해 오던 터였다. 하지만 지금 우리는 새 차가 생기기 전에 쓰고 있는 차를 보내려는 참이다. 물론 우리 교회도 봉고가 필요했다. 그리고 지금까지 우리 교회 발이 되어 준 차였다. 그것을 모를 리 없는 그이였지만 그렇게 정든 차를 떠나보내려는 생각을 하고 있었다.

"그럴까요? 그게 좋겠죠?"

아무런 이의를 달지 않고 남편의 뜻을 좇을 수밖에 없었다. 그이는 몸이 더 불편해지기 전에, 그래서 차를 더 이상 운전할 수 없는 상황이 닥치기 전에 미리 떠나보내고 싶었을 것이다. 그래서 나는 그저 그이의 아픈 마음을 어루만지는 데만 주목할 수밖에 없었다.

"이 봉고차 때문에 추억이 참 많았어. 사고 한 번 안 났으니 고맙기도 하고…."

많이 아쉬운 모양이다. 여전히 잘 달리는 차였다. 아직 차를 운전할 수 있다는 사실이 그이에겐 큰 가능성이고 위로였을 텐데…. 그이는 몸이 불편해 차를 운전할 수 없을 때가 되면, 그땐 차를 주는 행위도 마음을 담아 주는 일이 아닌 것이 될 수도 있어 이런 상황이 올까 봐 두려워했다. 그래서 어쩔 수 없이 차를 보낸다는 마음이 들지 않게 해 달라고 기도해 왔다. 다행히 봉고차는 우리 마음을 담아 정읍 평화교회로 떠났다. 차가 떠나는 뒷모습을 바라보며 우리는 좋은 결심을 하게 하신 주님께 감사했다.

그런데 사실 마음이란 것은 참 연약하다. 연해서 좋지만 약해서 힘들다. 흐리고 비가 오면 내 마음은 어느새 날씨를 좇아 흐리고 비 오는 거리를 하염없이 쏘다닌다.

미장원에 들러 긴 머리를 짧게 다듬었다. 마음을 바꾸려는 의도가 없지 않았지만 긴 머리를 다듬느라 허비해 버리는 시간조차 줄여야 했기 때문이다. 내 도움이 절실한 남편을 위해서 그 시간도 아까웠다. 여기저기서 쉴 새 없이 예상하지 못한 일들이 일어났다. 그때마다 헐레벌떡 당황할 수도 없었다. 그래서였다. 웬만하면 나를 돌보는 데엔 지금보다 더 인색해져야 한다고 생각했다. 짧은 머리는 다행히 내 마음을 붙들어 주었다. 남편은 그런 내 맘을 알지 못했다. 짧은 아내의 머리카락이 내키지 않았다.

"아줌마 같구먼!"

그렇지만 어쩔 수 없다. 아줌마 같더라도 난 당신의 아내로 남아야 한다. 지금부터는 본격적인 싸움이다. 벌써 그이의 다리에 점점 힘이 빠지면서 이제는 홀로 일어서기도 힘들어졌다. 이런 시기가 오리라 생각은 했지만 너무 빨리 닥쳐 버렸다. 미리 알아 둔 민간인들의 사회안전망 시스템인 '나눔과기쁨'에다 휠체어를 신청했다. 가늘고 마른 그이 다리를 볼 때마다 마음이 무너져 내렸다.

휠체어를 신청하고 나서 나는 몰래 예배당으로 달려가 두 손을 모았다. "주님" 하고 입이 떨어지기가 무섭게 눈물이 펑펑 쏟아졌다. 더 이상 아무 말도 필요하지 않았다. 한참을 그저 소리 없이 눈물만 쏟아 냈다. 얼마나 흘렀을까. 눈물이 조금씩 잦아질 무렵 찬양 한 구절이 흘러 나왔다.

"너의 가는 길에 주의 평강 있으라…."

그이는 지금 짧아진 아내의 머리카락에 적응하느라 애쓰고, 맘대로 움직이지 않는 자신의 몸에 적응하느라 또 애쓴다. 두 가지에 적응하기 위해 그이는 여념이 없다. 어쩌면 그렇게 애쓰는 남편을 보는 편이 여념에 빠진 남편을 보는 것보다 낫지 싶다. 머리카락은 또 자랄 테니까.

지금, 가장 행복합니다

남편이 루게릭병으로 진단을 받은 뒤 얼마 지나지 않아서부터 나는 과거에 촬영한 우리 가족사진이나 동영상을 의도적으로 보지 않았다. 건강한 남편의 모습을 만나기가 두려워서였다. 예전의 남편과 지금의 남편을 비교하고 있는 나 자신이 싫었다.

　잠들어 있는 남편을 보면서 나는 결코 먼 미래를 그려 내지 못했다. 당장 1년 뒤를 생각하는 것도 두려웠고 우울했다. 그래서 의도적으로 '내년 이맘때' 란 시점을 결코 생각하지 않았다.

　그런데 '컴패션 후원의 밤' 행사에서 남편의 동영상을 볼 수밖에 없었다. 작년, 그러니까 2010년 성탄절 예배장면이 흘러 나오고 남편의 모습도 비쳤다. 지금보다 훨씬 자유로웠다. 그때는 그렇게도 힘들었는데, 한 해가 지나고 나서 돌아보는 그때는 그런 힘겨움이 전혀 느껴지지 않았다.

　그러니 지금 바로 현재가 가장 좋은 모습이다. 지금 내 앞에 있는 그이의 모습이야말로 가장 좋은 모습이 될 것이다. 그러니 지금, 가장 행복한 셈이다.

내게 하나님은 늘 그런 분

　● 지친 날은 홀로 예배당에 앉아 하염없이 기도에 빠져 든다. 그런 기도를 깨우는 건 대개 요란한 전화벨이다.

　"사모님, 저예요."

　강릉에 사는 어느 집사님의 전화였다. 집사님은 남편 이야기를 꺼냈다. 남편이 하도 말썽을 부려 속이 상한다는 이야기였다. 예전 같았으면 건성건성 들었을 텐데 요즘은 그런 사소한 고민에도 귀를 기울이게 된다. 언제부터였을까? 아마 그이가 루게릭병으로 고통당하던 그때부터였을 것 같다. 작은 아픔이라도 통증이 느껴지는 이야기는 모두가 내 이야기 같아서 순간순간 가슴이 미어진다. 그날 강릉 집사님의 전화를 받을 때도 그랬다.

그러다가 깨달았다. '아! 나는 공감하고 있다!' 그랬다. 나는 비로소 누군가와 공감하고 있었다. 슬퍼하는 이들과 함께 울고, 기뻐하는 이들과 함께 기뻐하게 해 달라는 기도를 나는 평생 드려 왔다. 늘 그렇게 살아왔다고 생각했는데, 하필이면 장애인으로 살아야 할 남편을 바라보면서 내 마음이 그렇게 무너진 뒤에야 이제 느끼게 되는 이 '공감'의 깨달음은 무엇일까.

이야기를 들은 뒤 나는 집사님을 위해 기도했다. 전화로 드리는 기도지만 진심을 다해 위로했다. 나를 위한 위로인지 그를 위한 위로인지 경계가 뚜렷하지 않았다. 그렇게 누군가에게 줄 것이 있다는 사실이 그래도 감사했다.

누군가 내게 전화로 속에 있는 이야기를 털어놓고 마음을 담은 위로를 받은 것처럼 내게도 언제 어디서든 그렇게 털어놓고 위로를 구할 누군가가 있다면, 또 우리를 위해 간절한 마음으로 기도해 줄 누군가가 있다면 얼마나 좋을까 생각했다. 그러나 차마 누군가에게 불쑥 전화해 기도를 부탁할 용기가 생기지 않았다. 무슨 일을 당하더라도 쉽게 잘도 전화기를 들고 기도를 부탁하던 우리였다. 그런데 지금 그이의 병든 몸을 이야기하고 그이의 말라 가는 몸을 이야기하려니 엄두가 나지 않았다.

심지어 가족들에게는 더욱 꺼낼 수 없는 이야기였다. 가족들에게 비친 우리 모습은 예수님만 바라보고 달려가는 사람들이었다. 우리는 가족을 만나도 예수님 이야기밖에 할 게 없었다. 그 마음이 전해졌던지 친정아버지는 얼마 전부터 교회에 나가기 시작했다. 그런 마당에 남편이 불치병에 걸렸다고 말하기가 두려웠다. 혹 우리의 상황을 보며 하나님을 오해할까 봐 두려웠다.

이런 대화를 나눌 만한 분이 떠올랐지만 그분은 얼마 전 하나님께로 떠나셨다. 주님께서 우리를 참 철저히도 고립시키는구나 생각했다. 나약해진 마음이 또 무너졌다. 캄캄한 밤에 홀로 남은 외로움이 엄습했다. 나는 어느새 한없이 작은 존재로 추락하고 있었다. 외로움은 두려움으로 바뀌고 주님을 향한 원망으로 깊어졌다. 그날 밤은 예배당에서 밤을 샜다. 잠이 들었다가 또 깨었다가 했다. 그러다가 누군가 교회 문을 열고 들어오는 바람에 잠을 깼다.

분당 차병원에서 원목으로 목회하시는 문 목사님이 새벽같이 우리 교회에 찾아오셨다. 이런 시간에 오시는 건 처음이다. 목사님은 과일바구니와 함께 위로금이라며 하얀 봉투를 건네신 뒤 교회당에 앉아 기도하셨다. 우리 부부와 아이들을 위해, 우리 교회를 위해 기도하실 때 나는 그 간절함을 느낄 수 있었다. 어느새 내 마음이 따뜻하고 포근해졌다. 어젯밤 내내 혼란스럽던 내 머릿속의 갈등이 봄눈처럼 녹는 듯했다. 외로움과 두려움과 원망으로 얼룩졌던 눈물이 새벽이 밝자마자 따뜻한 감사의 눈물에 젖어들었다.

어젯밤 내가 외로움에 눈물짓고 있을 때도 주님은 나를 안타까운 마음으로 바라보셨을 것이다. 내 외로움에 안타까워하시고, 급기야 두려움과 원망으로 무너지자 당신은 헐레벌떡 움직이셨을 것이다. 새벽같이 문 목사님을 깨우시고 이렇게 당신의 마음을 전하는 천사처럼 보내신 게 틀림없다. 당신 백성이 힘에 겨워 그분 앞에 눈물지을 때마다 마음이 동하여 언제나 대답하시는 분, 내게 하나님은 늘 그런 분이셨다. 하나님, 그분의 방식은 늘 이러하였다. 눈물 흘리는 이스라엘 백성들의 부르짖음에 귀 기울이시고 당신의 종들을 보내 그 백성들을 이집트에서 불러내신 그분이 아니었던가.

한 분 두 분, 그렇게 하나님의 손에 이끌려 우리를 찾아오신 분들이 어느새 기도의 후원자들이 되어 든든한 대오를 만들었다. 가난했기 때문에 그분이 채워 주심을 깨달은 것처럼, 연약해서 우리는 강한 그분의 손을 누구보다 민감하게 느끼는지 모른다.

예수님을 구주로 고백하는 이들이라면 그분의 은혜를 체험하고 그 은혜로 살아가는 것만큼 복된 일은 또 없을 것이다. 그 은혜 안에서 따사로운 보살핌을 받으며 살아가는 인생에게 무엇이 더 필요할까. 우리에게 닥친 이 낯설고도 힘겨운 상황조차 감사할 수 있는 까닭은 그래서이지 싶다. 단지 우리는 그런 주님과 동행하면서도 여전히 미련하고 마음이 조급하여 하나님께 종종걸음으로 달려간다. 그리고 우물에서 숭늉 찾듯 때 이른 답을 구하기도 한다. 때로는 주님을 협박하듯 금식까지 하면서 재촉한다.

주님을 늘 가까이서 만나면서도 나의 기도는 크게 변함이 없다.

"주님, 제 남편 병을 고쳐 주시기는 할 건가요?"

"주님, 제 남편을 어떤 과정을 밟아서 고쳐 주실 거예요?"

"잘 아시듯이 저라는 딸은 미련해서 주님이 제게 보여 주시기 전에는 깨닫지 못합니다."

그렇게 주님께로 달려가면 그분은 내 연약함을 안타까워하시며 위로하시고 설득하신다. 그리고 언제나 그러하듯 오래 기다리시고 오래 참으신다. 내 미련함을 탓하시기보다 꿈으로도, 환상으로도 보여 주신다. 그럼으로써 당신 계획이 무엇인지 알려 주시고, 주님처럼 우리도 인내하며 기다릴 수 있도록 새 힘을 주신다.

사랑할 뿐이고 맡길 뿐입니다

2010년 2월초부터 우리는 몇 달 동안 매주 대구에 내려가 치료를 받았다. 우리 사정을 잘 아는 분이 소개해 주신 병원이어서 많은 기대를 갖고 내려가기 시작했다. 여행에 굶주렸던 우리에게 대구로의 먼 여행은 또 다른 즐거움을 주기도 했다. 7일 가운데 절반은 경상도 사투리를 들으며 살아가는 변화도 나쁘지 않았다.

문제는 성남과 대구를 매주 오가야 하는 일이었다. 이동이 불편한 남편과의 동행은 결코 쉽지 않았다. 우리는 주일을 지나기가 바쁘게 짐을 꾸려 대구로 내려가 치료를 받고 다시 수요일에 올라와야 했다. 몸이 축나는 일정이 아닐 수 없었다.

이번 주는 주일에 특별한 손님들이 찾아오는 바람에 마음이 분주

해서 그런지 몹시 피곤했다. 월요일 아침까지 여러 잔무들을 처리하고 열두 시가 다 되어서야 출발했다.

이런 날은 마음을 다스리는 노력이 필요하다. 나는 소풍 가는 기분을 느끼기로 하고 아이스박스를 준비했다. 가면서 먹을 점심도 싸고 도착해서 먹을 간식도 쌌다. 그이 약과 갈아입을 옷가지들, 과일과 먹을 물도 준비했다. 그러고 보니 참 오랫동안 이런저런 일에 치여 여행을 떠나지 못했다.

그이가 아직은 운전대를 잡고 운전할 수 있다는 사실만으로도 감사한 일이다. 다섯 시간의 장거리 운전을 해 내는 그이 옆에서 나는 소녀처럼 즐거웠다. 아직 그이는 내가 운전대를 잡으면 불안해한다. 더 연습해서 내가 운전대를 잡아야 하는데, 마음은 그이가 빨리 나아서 내게 자리를 양보해 주지 않기를 바란다.

요즘 나는 스스로 질문해 본다. 주님은 왜 나같이 연약하고 부족한 사람을 쓰실까? 아무것도 할 수 있는 게 없는데…. 그러면 주님은 말씀해 주신다. 부족한 뱃사람 베드로와 더불어 교회의 꿈을 펼쳐 내셨고, 가족에게 인정받지 못한 양치기 다윗을 불러 이스라엘의 꿈을 이루어 가셨노라고. 똑똑하고 잘난 사람이 아니었으나 그들은 주님을 누구보다 사랑한 친구들이었노라고. 나는 주님의 관심이 어디로 향하는지 새삼 깨닫는다.

베드로처럼 다윗처럼 내 관심 또한 주님께로만 향하기를 기도한다. 또한 대구로 치료여행을 다니느라 집과 교회를 비울 수밖에 없기에 고은이와 동엽이, 교회 성도들을 위해 기도한다.

"주님, 우리 사정과 형편을 저보다 더 잘 아시지요? 그저 주님께만 의지할 뿐입니다. 주님의 손으로 키우시고 주님의 사랑으로 돌봐 주십시오. 주님이 누구보다 우리를 잘 아시니 감사할 따름입니다."

그이가 아니라 저를 바꿔 주세요

그이는 이제 어깨 통증 때문에 젓가락 사용이 불편하다. 그래서 식사를 하면서도 쉴 새 없이 요구하고 그 요구를 들어주다 보면 어느새 파김치가 되어 버린다. 요구하는 남편도 힘들기는 마찬가지다. 내가 피곤해하는 모습을 그이에게 보여 주기는 정말이지 싫다. 웃는 얼굴로 그이의 요구를 다 들어주고 싶다.

매주 내려가는 대구에서는 언제나 우리 부부를 환영해 주는 집사님이 계신다. 집사님이 준비한 따뜻한 식사를 마주하면 그만큼 따뜻한 이야기들이 오간다. 돌아올 때도 친정 부모님처럼 이것저것 싸 주셨다. 부담스러운 마음보다 그 따뜻한 사랑이 너무 커서 오히려 고맙고 감사했다. 집사님을 통해 나는 좋은 섬김이 주는 행복감을 맛보았다. 친절과 배려를 부담으로 여기기보다 오히려 나도 이렇게 섬기는 인생을 살아야겠다고 새삼 다짐하게 만들었다. 그리고 지금 내가 누구보다도 섬겨야 할 대상은 내 남편, 우리 고은이와 동엽이 아빠인 그이다.

그래서 기도 제목도 바뀌었다. 전에는 그이가 변하기를 기도했지만 이제는 나에게 감당할 힘을 달라고 기도한다. 어차피 나를 알아달라고 말해 봤자 한 순간이라도 알아주지 않으면 내 마음이 곧장 섭섭해질 테니 오히려 그이가 내게 요구하는 모든 걸 잘 감당하게 해 달라고 기도한다. 무슨 말을 해도 내 마음이 상하지 않게 해 달라고 기도한다. 주님 도움 없이 내 힘으로 할 수 없는 일이란 걸 너무도 잘 알기 때문이다.

광야의 길로 들어섰을 때

루게릭병은 근육이 말라 가는 병이다. 음식도 잘 씹지 못하게 되어 몸이 야위어 간다. 움직이기도 힘들어지고 급기야 말도 어눌해지다가 나중에는 멈추게 된다. 절망이다. 손과 팔은 물론 얼굴까지 굳어지고 심장의 근육까지 마비된다. 반면에 정신은 멀쩡하여 몸의 고통을 고스란히 안고 사라져 가야 하는, 잔인하고도 지독한 병이다. 이 병에 대해 무엇보다 절망적인 보고서는 아직까지 완치된 사례가 단 한 건도 없었다는 사실이다.

그이에게도 루게릭병의 무거운 증상들이 하나씩 나타났다. 말이 많이 어눌해졌다. 처음 듣는 사람들은 쉽게 와 닿지 않는다. 손도 잘 놀리지 못하고 다리도 뻣뻣해졌다. 그만큼 가장 가까이 있는 아내의 일이 늘어난다. 단추를 끼우는 일부터 밥상에서 반찬을 집어 주는 일, 심지어 중요한 대화를 나눌 때도 옆에서 남편의 이야기를 잘 전달해 주는 일까지, 내 도움 없이 그이 혼자 해 낼 수 있는 일이 점점 줄어들고 있다. 남편에게 아내의 존재가 이렇게 뚜렷해지면 좋아야 할 텐데 그 뚜렷함이 오히려 두렵다.

간호사로서 오랫동안 환자들을 가까이 해 온 내 이력이 이럴 때에 큰 도움이 되겠지만, 지금 상대는 병원에서 만난 환자가 아닌 내 남편이다. 하나뿐인, 지금까지 온갖 시간을 함께해 온 사람, 내 몸과 다르지 않는 한 사람, 그의 상처가 주는 아픔이 그보다 더 내게서 고통스러운 사람, 그와 더불어 만들어 온 희망이 있기에 그이 없이는 그 희망마저 사라져 버릴 것 같은, 그렇게 내게는 특별할 수밖에 없는 사람, 바로 그 사람이다. 그래서 지금까지도 나는 한 번도 남편을 위한 특별한 간호사의 모습을 상상해 보지 못했는가 보다.

그래서다. 내게 주어진 이 환경은 낯설고 어색하고 불편하다. 나에게 낯설고도 불편한 공간은 곧 광야다. 내게 광야의 이미지가 그렇다. 그래서 지금 나는 광야를 걷는 느낌이다. 내가 성경을 통해서 만난 광야는 불평과 회개와 약속의 땅이었다. 불편하여 불평하는 사람들의 땅, 하나님이 계시지 않는 것처럼 하나님 없이 살아 보려 했다가 하나님의 존재를 깨닫는 순간 회개하며 돌아오는 땅, 그리고 이 험한 시간을 통과하면 젖과 꿀이 흐르는 가나안이 약속된 순례자의 땅, 그 땅이 광야였다.

그러기에 광야에선 내 지식과 내 경험이 더 이상 나를 주도하게 해선 안 된다고 미리 깨달았다. 나는 광야에서 그리 살아갈 것이라고 오랫동안 다짐했다. 이렇게 내 지식과 경험을 내려놓을 때 비로소 주님의 존재가 뚜렷해지고 나는 주님의 인도함을 받아 이 아득한 땅을 통과할 것이라는 믿음이 내겐 있었다.

장애 2급. 나는 남편에게 떨어진 그 광야의 시간을 내던지고 쉽고 편한 길을 가고 싶었다. 하지만 주님은 이미 나를 광야로 불러내셨고, 이곳에서는 당장 무슨 일이 일어날지 아무것도 예측할 수 없다. 몇 발 앞에서 천 길 낭떠러지가 펼쳐질 수도 있고, 더 나아가지도 되돌아가지도 못할 사막의 심장에 서 있을 수도 있다. 목이 타서 내가 걸어온 시간을 원망하며 목을 축이려 할지도 모른다.

그러나 이 광야에서 주님은 나를 쓰고자 하신다. 광야의 시간을 통해 나를 새롭게 만들어 가시려는 뜻을 이미 내비치신 셈이다. 우리에게 주신 사명이다. 그리고 이 모든 시간에 내 몸을 살아 있게 할 혈액 같은 그것은 순종일 것이다. 나는 내 앞에 펼쳐지는 고통스런 시간을 값지게 받아들이기로 다짐한다.

'힘에 겨워 자주 쓰러지더라도 포기하지 말아야지. 묵묵히 살아내야지. 그리 살다 보면 이 시간이 다 지나가겠지. 순종이란 이렇게 살아내는 일이니까. 고난이 클수록 더욱 주님께 의지하며 주님과 동행해야지. 더욱 순종하리라. 우리가 이 광야의 길로 들어섰을 때 우리는 이미 과정이 어떠하든 약속의 땅 가나안을 향하는 것임에 틀림없어, 지금 출애굽기를 살지만 우리의 출애굽기가 향할 그 다음 이야기를 우리는 잘 알고 있거든. 바빌론의 강가에서 시온을 생각하며 눈물 흘리는 유배지 백성이라도 마찬가지야. 그렇다면 우리는 지난 세월 우리가 놓쳐 버린 그 감사의 시간을 다시 떠올리며 이제 새롭게 펼쳐질 하나님의 나라를 구상할 거야. 시온의 대로를 걸어갈 아름다운 꿈을 그리며 지금의 슬픔이 변하여 춤이 될 그날을 노래할 거니까.'
　감사의 일기를 쓴다.

　내게 다가온 커다란 짐 때문일까? 지난날이 더욱 소중하게 여겨진다. 하루 종일 그이 곁에서 그이를 위해 이것저것 하느라 몸을 움직였는데도 육신의 통증을 느낄 겨를조차 없이 하루가 지나갔다. 그렇게 흐르는 이 시간의 끝에서 나는 감사한다.
　오늘도 남편은 스스로 샤워를 하고 주변의 물건들을 의지하여 한 걸음씩 걸음을 내디뎠다. 남편이 그렇게 움직일 수 있는 것만으로도 나는 감사할 수 있다. 어눌하지만 그이의 마음을 말하고 하나님께 그이의 목소리로 기도할 수 있으니 이 또한 감사할 일이다.
　오늘 밤에는 함께 쳐다보며 웃고 대화하고 손잡고 기도도 했다. 오늘 그이와 보낸 그 모든 시간들이 감사할 제목들이다. 내일 또 달라질 풍경이지만 오늘 나에게 주신 이 풍경을 마음껏 누리기로 한다.
　그래서 지금, 나는 행복하다!

　요즘 들어 지난날을 되돌아보는 시간이 부쩍 늘어났다. 나이가 들어서일까? 나는 예전에 주님 앞에서 어떤 모습으로 살았을까? 혹 쉽게 약속하고 나서 환경을 핑계로 지키지 못한 것은 없을까? 가식적으로 누군가에게 보이기 위해 살지는 않았을까? 내 딴엔 자랑스럽게 말한다는 것이 혹 누군가에게 상처를 주지는 않았을까?

그이는 하루가 다르게 쇠약해져 갔다. 많이 고통스러워했다. 스스로 나약하여 다른 사람을 배려할 수 없다는 사실이 그이를 더욱 힘들게 했다. 엉뚱하게도 나는 그런 남편 곁에서 누군가 나를 돌봐 주기를 바랐다.

문득 간호사로 살아온 세월을 돌아보았다. 나는 마치 남편 곁에 있는 것처럼 마음 아파하며 환자들을 간호하였던가. 긴 시간 병상에 누워 있는 환자를 가슴으로 간호한 적이 있었던가. 그저 직장인으로 간호사의 일을 한 것은 아니었는가. 막상 간호사로 일할 때는 한 번도 그리 생각지 않았는데, 보호자로서 환자인 남편 곁에 머물면서 지난 시간에 대해 나는 자신이 없어졌다.

무엇보다 환자의 보호자에게도 간호사가 필요하다는 사실을 한 번이라도 생각했던가. 환자의 보호자 역시 치료받아야 할 또 한 사람의 환자란 사실을 결코 깨닫지 못했다. 이렇게 지난날을 돌아보면 어느새 기도도 깊어진다.

"주님, 이제 비로소 간호사의 자리에 서 있는 것 같습니다. 사랑의 가슴으로 간호하게 해 주십시오. 환자에게 따뜻한 사랑의 기운이 전해지게 하옵소서."

세상에서 가장 평범한 기도

• 나의 간절한 기도는 어느새 병과 싸우는 남편을 위한 기도가 된다. 나의 기도는 세상의

모든 평범한 사람들이 보기에도 한없이 소박하다. 사람들이 누리는 그 평범한 삶을 허락해 달라는 것뿐이다. 오늘 아침에도 나는 이른 시각에 일어나 기도한다.

주님, 제 남편이 혼자 젓가락으로 김 한 장을 집어 밥을 싸 먹는 모습을 볼 수 있으면 좋겠습니다. 숟가락으로 국물 한 모금을 떠먹는 걸 보면 좋겠습니다. 컵을 든 손으로 물 한 컵을 벌컥벌컥 마시는 모습을 보면 좋겠습니다.

혼자 양말을 신고 바지를 입을 수 있으면 좋겠습니다. 속옷과 겉옷을 스스로 입고 혼자서 단추를 채울 수 있으면 좋겠습니다. 바지 지퍼를 낚싯줄로 당겨서 올리지 않고 다른 사람들처럼 작은 손잡이만 잡고도 열고 닫을 수 있으면 좋겠습니다.

주님, 제 남편이 혼자 면도하고, 혼자서 머리 감고 세수하고, 혼자 코를 풀고 때로는 지저분하더라도 코딱지를 손가락으로 파 낼 줄도 알면 좋겠습니다. 샤워 후에 혼자서 화장품을 바르고 빗으로 머리를 빗을 수 있으면 좋겠습니다. 손톱과 발톱을 스스로 깎을 수 있으면 좋겠습니다. 화장실에 들어갔다가 아무 일도 없었다는 듯 다시 문 열고 나오는 그이의 모습을 볼 수 있으면 좋겠습니다.

주님, 제 남편이 예전처럼 기타를 치며 가족들과 함께 찬양하는 시간을 또 가질 수 있으면 좋겠습니다. 자신 있게 전화를 받고 또 걸 수 있으면 좋겠습니다. 계단을 오르내릴 때 손잡이에 의지하지 않고 성큼성큼 걸으면 좋겠습니다. 그이와 함께 등산하며 남편이 내민 손을 잡고 바위를 오를 수 있으면 좋겠습니다. 무거운 짐을 마주 잡고 거뜬히 옮길 수 있으면 좋겠습니다.

스스로 구두를 신고 벗어서 신발장에 넣을 수 있으면 좋겠습니다. 방바닥에 앉았다가 일어설 때 한 번에 영차 일어설 수 있으면 좋겠습니다. 예전처럼 사과를 잘 깎을 수 있으면 좋겠습니다. 멋진 손 글씨로 쓴 편지를 한 번만이라도 다시 받을 수 있으면 좋겠습니다.

그러나 그렇게도 평범한 나의 기도는 그저 공허하게 울릴 뿐이었다. 어제 대구에서 올라와 수요예배를 드리고 성도들이 모두 돌아갔을 때, 나는 이미 지쳐서 몸을 가누기도 힘들었다. 그이는 더 이상 운전을 할 수가 없어 왕초보로서 대신 운전을 하는 것도 쉬운 일이 아니었다.

대구에서 한의원을 하시는 집사님이 교회에 난로가 필요한 걸 아시고 쓰던 난로를 주셨는데, 그것을 3층 한의원에서 내리고 다시 3층 예배당으로 올려놓느라 힘이 다 빠졌던 게다. 지친 몸이었으나 예배를 드리느라 긴장했고 예배를 마치자 한꺼번에 긴장이 풀어지면서 몸은 저 깊은 웅덩이로 빠져 드는 것처럼 노곤했다.

그래서 예배당 의자에 앉아 엎드려 있는데 갑자기 주방 쪽에서 쿵 소리가 들렸다. 순간 놓였던 끈을 다시 죄듯 내 몸은 반사적으로 소리가 난 쪽을 향해 뛰어갔다. 그이가 쓰러져 나뒹굴고 있었다. 주방으로 들어서다가 신발이 문턱에 걸리는 바람에 바닥으로 곤두박질 친 것이었다. 뛰어가 보니 안경이 깨지면서 얼굴에 상처가 났다.

여위고 힘없는 그이 손을 잡고 다시 일으키는데, 눈에서는 눈물이 흘렀다. 그이의 야윈 손은 바들바들 떨렸고 손바닥은 싸늘했다. 오래전에 놓아 버렸던 사랑하는 남자의 손이었다. 그 손을 놓은 채 살아온 세월이 낯설었다. 그이가 아픈 뒤로 다시 그 손을 잡기 시작했다. 건강할 때 더 자주 이 손을 잡아 줄 걸, 이렇게 야위고 싸늘해진 뒤에야 손 내밀고 있으니…. 누구나 누리는 그 일상을 이렇게도 그리워하지만 어쩌면 내게 그 일상이 주어졌을 때 나는 감사하지 못했고, 최선을 다해 누리지 못했던 셈이다.

우편함에 행정서신이 꽂혀 있었다. 뜯어보니 자동차 과속으로 과태료에 벌점을 부과한 서신이다. 그래도 감사한 건 '장애 3급 이상은 과태료 경감 대상자' 라는 문구였다. 나는 웃어야 할지 울어야 할지 고민에 빠졌다.

내게, 평화가 필요해

• 　　　　　　　　　　　　　　어제는 물리치료를 받으러 가까운 재활전문병원으로 가기 위해 걸어가다가 길바닥에 털썩 주저앉았다. 발목에 힘이 빠지는 걸까? 요즘 들어 그이는 자주 넘어진다.

신발 때문일까 싶어 편하고 가벼운 신발을 찾기 위해 가게를 전전

했다. 아식스 운동화가 가장 맘에 들었는데 가격이 만만치 않았다. 오래 신으면 되지 싶어 카드를 긁었다. 이렇게 비싼 운동화를 처음 신어 보는 남편의 얼굴을 떠올리며 간 큰 쇼핑을 하고도 웃음이 가시지 않았다.

오늘은 새로 산 운동화를 신고 물리치료를 받으러 갔다. 남편의 걸음이 가벼워 보여 뿌듯했다. 운동화 하나 산 걸 가지고도 나는 그렇게 뿌듯할 수 있었다.

"여보, 운동화가 참 편해. 이젠 안 넘어질 것 같아."

하지만 남편은 집에 돌아와 운동화를 벗다가 앞으로 또 고꾸라졌다. 양손에 물건을 든 채 신발을 벗다가 넘어진 것이다. 입술이 터지고 이가 부딪쳐 피가 났다. 나도 모르게 놀라고 화가 나서 남편을 향해 소리를 질러 댔다.

"넘어져서 다치려고 그래요? 양손에다 물건을 들고 신발을 벗으면 어떻게 해요? 네?"

한 번만으로 성이 안 찼는지 몇 번을 소리 질렀다. 남편은 아무 말도 하지 않았다. 그렇게 비싼 운동화까지 샀는데 또 넘어지면 운동화를 산 보람이 없어지잖아, 하는 불평이 내 속에서 꿈틀거렸던 게 틀림없다. 아마 내가 수고하고 마음 쓴 만큼 남편이 반응해 주지 않으면 나는 그만큼 더 그이에게 무언가를 강요할지도 모를 일이었다. 그런 나를 발견했다는 사실이 더욱 참을 수 없었다.

우리 교회에서 열리는 중보기도회가 시작됐는데도 그이가 넘어지던 장면이 자꾸 떠오르면서 심장이 두근거려 집중할 수가 없었다. 예배실 옆방으로 오가며 누워 있는 남편을 몇 차례나 확인하고서야 겨우 마음을 진정시켰다. 놀란 사람에게 그렇게 짜증 섞인 목소리로 화를 냈으니 얼마나 실망했을까? 혹 아내라는 사람에게서조차 남과 다르지 않은 '거리감'을 느낀 건 아닐까? 나라는 사람은 도대체 왜 이것밖에 안 되는 걸까? 온갖 마음들이 엉키면서 내 안의 평화는 산산조각이 났다.

지금 이 순간 누구보다도 평화로워야 할 사람은 남편이 아닌 나 자신이라는 것을 새삼 깨달았다. 주님은 남편의 병을 통해 내 안에서 온전한 평화의 길을 말씀하신다. 남편에게, 하나님께, 그저 미안할 뿐이다.

"주님, 저에게 평화를 주십시오. 그 평화로운 따스함으로 그이를 보듬게 도와주십시오."

매일 면도하는 여자

요즘 들어 지금까지 한 번도 눈여겨보지 않았던 일들을 해야 할 때가 자주 생긴다. 낯설고 익숙하지 않은 세계와의 만남이다. 불편하고 불안하다. 몇 달째 아침마다 남편 수염을 면도하면서도 나는 여전히 불안하다. 면도기 잡는 법은 어느 정도 손에 익었지만 어느 지점에서 시작해야 하는지, 어느 방향으로 움직여야 하는지, 손의 힘은 어느 정도가 적절한지, 혹시 상처가 생기지는 않을지….

"당신 수염은 뭐가 이렇게 빨리 자라요?"

"그래서 아예 뽑으려고? 나도 수염이 체면이라도 있어서 좀 천천히 자라 주면 좋겠어."

뽑지는 못하지만 바싹 깎으면 좀 더디 자랄까 싶어 힘을 주어 면도를 했더니 남편은 하루 종일 아프다며 날카로운 눈초리로 힘주어 나를 꼬나본다.

"왜 철수세미로 싹싹 밀지 그래?"

나는 미안한 마음에 그이의 눈길을 피하면서 딴청을 피웠다. 이렇게 매일 아침 우리는 면도를 하면서 티격태격한다. 오늘 아침에도 예외는 없었다.

"내 얼굴도 아닌데 내가 어떻게 알아요? 그렇게 못 참겠으면 내 얼굴에도 수염 나라고 기도하세요. 내 얼굴에 수염 나면 나도 면도 잘할 테니까."

체면도 없이 삐죽삐죽 잘도 자라나는 남편의 수염을 보는 순간, 내 안에서 내 마음과 상관없이 불쑥불쑥 솟구치는 나의 죄성이 느껴진다. 면도를 해서 자라는 수염을 매일매일 깎아 내듯 나도 그렇게 매일매일 회개하여 죄성이 드러나지 않게 해야 하는 게다. 면도를 하면서도 이런 깨달음을 얻는다 싶으니 피식 웃음이 나온다. 하도 연약하니 주님께서 이렇게라도 마음을 다스려 주는구나 싶다.

"주님, 오늘은 남편 턱을 면도하듯 내 안의 온갖 죄들을 말끔히 씻으려 합니다. 내 안의 죄들을 깎고 밀어내는 '면도기' 만큼은 누구보다 잘 쓸 수 있도록 도와주십시오."

이유식 먹는 50대 아기

그이는 이유식을 먹는다. 나이 오십이 넘은 큰 아기를 키우는 셈이다. 큰 아기는 먹기 싫으면 고개를 돌리고 이유식을 거부한다. 고약한 맛을 지닌 이유식엔 꿀을 섞어 먹이고 과일을 준비했다가 입 안을 씻게도 한다. 아기가 자라면서 이유식을 멈추듯 그이도 어느 날 이유식을 끊고 스스로 숟가락을 잡고 밥을 먹게 되리라고 믿는다. 또 시간이 지나서 포크 대신 젓가락을 움직여 반찬을 먹게 되리라고 믿는다. 그때까지는 내 손으로 그이 입에 먹여 준 이유식이 영양분이 되고 양식이 될 것이다. 오늘도 화장실 거울 앞에서 주님께 묻는다.

"주님, 그 시간이 언제쯤 올까요?"

주님의 대답은 따뜻하고 친절하다.

"애야, 많이 사랑하렴. 이 시간조차 사랑하고 즐기렴. 네 입술로 그 사랑을 고백하렴."

사랑을 고백한다? 그이에게 사랑한다고 고백한 때가 언제였던가. 그 오래된 언어를 이제 새삼 꺼내 본다. 먼지가 쌓인 언어는 낯간지러워 입에서 쉽게 떨어지지 않는다. 몇 번을 망설이고 또 망설인다. 그러다가 용기를 내어 입 밖으로 툭 보낸다.

"사… 랑… 해요."

"……."

쑥스럽다고 생각하는 순간 이번엔 '뭐가 어때서' 하는 맘이 든다.

"사랑해요, 여보. 사랑해요. 사랑해요."

그랬다. 사랑한다고 고백하는 것이 그이에게 어떤 약보다 효험이 있다면, 그래서 그이 병이 나을 수만 있다면, 그렇다면 백 번 아니 천 번이라도 해야지 싶다. 오늘도 나는 주님 앞에 엎드린다.

"주님, 주님이 사랑한다고 말씀해 주십시오. 제 남편을 치료해 주십시오."

다시 주일이 다가온다. 이제 주일을 준비하는 일이 착잡하다.

"주님, 이번 주일 설교가 마지막이 되지 않게 해 주세요."

나도 모르게 그렇게 기도하고 있었다.

오두막에서 보낸 1박 2일

수요예배를 드리고 난 뒤 밤새 잠을 설치고 목요일 아침 삼척으로 향했다. 우리가 살던 오두막, 이젠 '샬롬수양관'이라고 이름 지은 그곳의 진입로를 보수하기 위해 두 분 집사님과 함께 떠났다. 우리가 오두막을 떠난 지는 오래 됐지만 지금도 그곳은 우리가 살던 때와 하나도 변하지 않았다. 우리 가족은 가끔 그곳을 찾아가 그 소중한 때를 추억한다. 그러고 나면 어느새 신앙의 고향을 찾은 듯 마음이 따뜻해지고 새로운 용기가 솟아난다. 그렇게 우리의 오두막은 특별하다.

함께 가기로 한 다른 사람들은 큰 눈이 내린다는 일기예보에 지레 겁을 먹고 동행하지 못했다. 다행히 현장은 날씨가 맑아 공사하기에 그만이었다. 성남에는 눈이 내리는 모양이다. 성도들의 전화가 빗발쳤다.

집사님들이 밖에서 공사를 하는 동안 그이는 혼자 방에 머물렀다. 안방에서 윗방과 주방으로 이어지는 문턱이 왜 그리도 높은지 그이는 넘어질까 조심조심 움직여야 했다. 무릎과 양손을 바닥에 붙이고 네 발로(?) 기어서….

그이의 다리 힘이 매일매일 조금씩 빠져 나갔다. 밖에서 땀 흘리며 일하는 사람들이 너무 부러웠다. 그이 성격으로 봐서는 이런 일이면 혼자서 끝냈을 사람인데…. 저 오두막을 혼자 힘으로 지은 사람 아닌가. 그래서일 게다. 그이는 나를 불러서 여전히 답답해하며 이렇게 하소, 저렇게 하소, 지시를 했다. 일손이 모자라 힘들게 일하는데 자꾸 불러 대고 지시를 하니 은근히 짜증이 났다.

길을 내는 공사라 쉽지는 않았다. 시멘트와 모래를 섞어 바르는 일을 도왔더니 이제는 기술자가 된 듯해 농담도 해 본다. "저 어디 가서 밥 굶어 죽진 않겠어요." 길을 다 포장하고 이번엔 참두릅 밭으로 가서 줄을 쳤다. 힘들게 일을 끝냈을때는 모두 탈진상태였다.

저녁식사 후 방 안에서 기어 다니기만 하던 그이가 이제 목사로서 설교를 했다. 본문은 하필 데살로니가후서 3장 10절이었다. "우리가 너희와 함께 있을 때에도 너희에게 명하기를 누구든지 일하기 싫어하거든 먹지도 말게 하라 하였더니." 이런저런 잡념이 머릿속을 오가느라 설교가 또렷이 들리지 않았다.

1박 2일 동안의 원정 공사를 마치고 집으로 돌아오려는데 눈이 내리기 시작했다. 진입로에 들어서는 입구를 체인으로 막고 자물쇠를 채우려는 순간 뒤에 서 있던 남편이 쿵 넘어졌다. 남편을 부축하던 집사님이 자물쇠 채우는 일을 도우려고 잠시 손을 놓은 사이 일어난 일이었다. 자칫하면 쇠기둥에 머리를 크게 다칠 뻔했는데 살짝 비켜 넘어지는 바람에 멍만 들었다. 천만다행이었다. 모두들 "감사한 일이에요! 큰일 날 뻔했어요."라며 말했다.

그렇게 놀란 가슴을 진정시키고 집으로 돌아왔을 때 우리는 모두 지쳐 버렸다. 움직이기 싫은 몸을 일으켜 남편을 샤워시킨 뒤, 저녁 기도회에 참석했다가 돌아와 이것저것 짐정리를 마치고, 마지막으로 그에게 약을 먹이는 것으로 하루 일과를 모두 끝냈다. 이제 지친 몸을 누이고 잠이 들었다 싶었는데 금방 새벽이다. 눈이 뜨이지 않았다. 뜨고 싶지도 않았다. 그러나 남편 약을 챙겨야 했다. 또 하루가 시작됐다. 주일을 준비하려면 오늘 하루도 쉽지 않을 게다. 비로소 나를 버티게 하는 그분의 힘을 느꼈다.

하나님만 의지하기로 하고선

● 그이가 루게릭병으로 투병한 지 1년째이다. 이제 그이는 모든 인위적인 방식을 포기했다. 병원, 이사, 약, 치료기구 등…. 지금까지 루게릭병을 앓은 환자들 가운데 한 사람도 치료되지 않았기에 그럴 수 있었다. 그이는 거기서 하나님의 뜻을 깨달았다. 사람이 고칠 수 없는 병이라는 사실, 그래

서 하나님께만 의지하라는 메시지를 포착했다. 그러나 병든 사람들은 몸과 더불어 마음도 약해지게 마련이다. 그이도, 나도 마찬가지다. 하나님만을 의지한다고 결심하면서도 사람을 의지하고, 누가 무엇이 좋다고 말하면 그 말에 혹하여 마음이 흔들린다.

우리는 사순절 기간에 또 한 번 결심을 했다. 대구로 다니는 치유여행을 멈추기로. 사실 처음 대구로 치유여행을 떠나기 시작했을 때, 우리는 주님께서 그이를 치유하심으로써 주님의 작은 도구로 쓰실 것이라고 생각했다. 그러나 시간이 흐르면서 어떤 '도구'인지에 대해 민감해졌다. 하나님께서는 그이 병을 치유하려는 게 아니라 다른 계획이 있음을 깨달았다.

일곱 번째 대구여행에서 우리는 대구까지 우리를 초대해 치료를 받게 해 준 그 친절하고 고마운 가정에 복음을 전하고 교회도 소개해 주었다. 대구에서 올라와 이 가정을 전화로 상담하면서 우리는 비로소 하나님께서 우리 부부를, 한 가정을 구원하기 위한 '도구'로 쓰셨음을 확신할 수 있었다. 이 과정에서 우리는 하나님을 의지하지 않고 사람과 약을 의지하고 있었다는 깨달음도 얻었다. 그이는 주님께 회개했다.

"주님보다 사람과 약을 의지하여 대구로 매주 달려갔습니다. 이제 이후로는 거기서 준 약을 끊고 치료도 끊겠습니다."

그이는 연약해져 버린 자신을 하나님 앞에서 회개한 뒤 대구에서 처방해 와서 먹던 모든 약을 쓰레기통에 버렸다. 고가의 약품조차 추호의 미련도 없이 남김없이 내다 버렸다. 이제 가장 기본적인 약물과

기본적인 물리치료 등을 제외한 어떤 인간적인 가능성에도 미련을 두고 싶지 않았다. 그렇게 버릴 수 있는 순종이 남아 있어 감사했다. 그리고 다시 다짐했다.

"주님, 이제는 오직 말씀과 기도와 찬양으로 이 병에 맞서겠습니다. 주님만 의지하겠습니다. 이제 주님이 움직이실 때까지 기다리겠습니다. 그것이 곧 제 일입니다."

약을 쓰레기통에 버린 뒤 그이는 무거운 짐을 내려놓은 듯 가볍게 웃었다.

"여보, 이젠 홀가분하게 주님을 맞을 것 같아요."

"우리가 이렇게 순종하기를 기다리고 계셨던 걸까요?"

그이의 순종은 마치 밭에다 씨앗을 뿌리는 일 같았다. 씨앗을 자라게 하시는 분은 주님이시다. 그것을 잘 알기에 우리는 하늘을 날 것처럼 가벼웠다. 해방감이었다. 어쩌면 누구보다 주님께서 이 해방감으로 기뻐하는 우리 모습을 보며 근심 한 자락을 내려놓으셨을지 모르겠다. 그이의 환한 웃음이 보기 좋은 날이었다.

그러나 인간의 마음은 얼마나 간사한지! 그렇게도 하나님만 의지하기로 하고선 내 마음 한쪽은 늘 인간적인 생각들로 향해 있다. 조금이라도 방심하면 금세 불신앙의 꼬임에 넘어간다. 병든 그이를 지켜보는 나도 이런데 하물며 병을 앓는 당사자는 더 힘들 것이다.

"사모님, 제가 아는 어느 집사님이 병 고치는 은사가 있어서 기적도 일으키고 못 고치는 병이 없대요. 전도사님도 그분을 한번 찾아가 보는 게 좋겠어요."

전화를 받고 나니 '이게 혹 주님의 인도하심일까?' 설레기도 하고 불안하기도 했다. 결국 그 은사가 있다는 집사님에게 다시 전화해서 약속을 잡았다. 이심전심이었을까? 약속 장소로 가려고 준비하고 있는데, 그이가 "여보, 마음이 불편해요!" 하였다.

하지만 그때는 마음 따로 몸 따로였다. 우리는 약속 장소에 30분이나 일찍 도착했다. 치료 장소를 둘러보면서 그곳이 기 치료소라는 확신이 들었다. 순간 잘못 왔다 싶었다. 그런데 때마침 서류를 빼놓고 온 걸 깨닫고 곧장 그곳을 벗어났다. 교회에 돌아와 주님 앞에 앉았을 때 이미 우리에겐 서 있을 힘도 없었다. 내 입에선 한 마디가 흘러 나왔을 뿐이다.

"주님, 다 아시지요?"

'출(出)루게릭'을 바라며

"여보, 미안해요."

원해서 얻은 병도 아닌데 그이가 미안하다고 말한다.

"여보, 우리를 후원해 주시는 분들에게도 미안하고, 우리를 위해 기도해 주시는 분들에게도 미안하고, 우리가 후원하는 어린이들에게도 미안해요. 그리고… 당신과 고은이와 동엽이에게 더욱 미안해요. 빨리 나아서 이 빚을 갚고 싶은데… 날이 갈수록 미안한 마음만 쌓여 가네."

남편은 이들의 이름을 하나씩 나열해 부를 때마다 죄송한 마음에 눈물을 흘렸다. 나도 그런 마음인데 그이는 오죽할까 싶다. 성도들에게도, 걱정해 주시는 분들에게도, 집안사람들에게도 죄송하다. 그저 빨리 낫지 않아 죄송한 마음뿐이다. 병으로 불편해 속상할 텐데 죄송한 마음까지 덤으로 안고 살아야 할 그이가 안쓰럽다.

그이 말은 방언 같다. 루게릭 나라 방언일까? 그이가 말하면 나는 통역사가 되어 루게릭 방언을 통역한다. 예배 때는 그이 설교내용을 화면에 자막으로 내보낸다. 성도들은 마치 방언 설교를 듣듯 화면과 그이 얼굴을 번갈아 보면서 예배를 드린다.

우리 모두에게 그이는 그야말로 루게릭이라는 나라의 국민이 되어 버렸다. 단지 훌륭한 통역이 늘 옆에 붙어 다니니 그이도, 그이를 만나는 사람들도 크게 불편해지는 않는다. 루게릭 나라 국민들은 스스로 할 수 있는 일만 할 뿐이다. 그들은 타인의 도움 없이 살 수 없으며 도우미 없는 공동체를 상상하지 못한다. 그이는 이 나라에 익숙해져 갔다. 이방인 같은 나조차 그이와 함께 이 나라 문화에 익숙해졌다.

"여보, 루게릭 나라를 떠나요, 우리."

그이는 무슨 소리인지 몰라 어리둥절해한다. 나는 갑급하여 또 말한다.

"루게릭 나라를 떠나자고요, 이제."

이집트에서 노예로 살아가던 이스라엘 사람들이 이렇게도 출애굽을 갈망했을까?

"주님, 이 노예의 땅에서 우리를 구원하소서."

그렇게 절망하여 울부짖는 당신의 백성들에게 귀 기울이시고 장엄한 홍해의 기적을 예비하셨던 주님이 이제 우리의 울부짖음에도 귀 기울이실까? 이 눈물은 언제쯤 변하여 춤이 될 것인가?

성실하신 하나님의 신호

남편은 성도들 몇몇 분과 영선 씨의 병문안을 갔다. 영선 씨는 우리 교회에 등록했으나 언젠가부터 발길을 끊었다. 그러다 중환자실에서 다시 만난 영선 씨는 목과 코에다 튜브를 꽂아 보기만 해도 안쓰럽다. 영선 씨는 단지 몇 개월 만에 목숨이 위태위태한 환자가 되어 아들의 간호에 의지하고 있었다. 사람이란 그렇게 모든 게 순식간이다. 반짝이던 꽃이 금세 시들어 버리듯 우리도 그렇게 시드는 존재다. 그러니 겸손하지 않을 수 없다.

"영선 씨, 하나님 사랑 듬뿍 받으세요. 그러면 행복할 거예요."

자기 몸도 불편한 담임교역자가 그렇게 말할 때 영선 씨는 작은 몸짓으로 반응한다. 목이 메어 말을 하지 못한다. 그저 바라만 보는 영선 씨 눈에는 수많은 말들이 담긴 듯하다. 그이는 다시 영선 씨 귀에 가까이 다가가 큰소리로 말한다.

"하나님을 의지하고 주의 이름을 부르는 자에게는 구원을 약속하셨으니, 예수님의 이름으로 일어날 거예요. 살 수 있어요."

남편이 그렇게 말할 때 나는 그 말의 힘이 남편에게도 불끈 솟아나기를 간절히 기도했다.

　목숨의 끄트머리에 선 듯한 영선 씨를 보면서 우리는 기도를 포기하고 싶었다. 그러나 하나님께서는 그녀를 위해 기도할 사람들을 찾으셨고, 그들은 우리 부부와 교회의 기도 회원들이었다. 우리는 매일 영선 씨 이름을 부르며 기도했다. 남편은 주님이 반드시 살려 주실 것이라 믿고 기도하라고 당부했다. 우리에게 목숨이 붙어 있는 한 우리는 그렇게 기도할 수밖에 없다. 그렇게 최선을 다해 우리 목숨을 사랑하고 붙잡아야 한다. 우리는 그렇게 하여 누리는 생명의 시간을 다시 주님께 드려야 한다. 낳든 낳지 않든 그분을 위해 살아야만 우리 삶이 의미가 있는 게다. 하나님은 이렇든 저렇든 한 생명에게조차 열심히 구원의 신호를 보내고 계신다. 그 성실하심이 감사하다.

아내와 함께 한 입덧(?)

　남편의 목회를 돕기 위해 나는 전도사고시를 준비했다. 전도사고시를 치르기 위해 고시장으로 가는 날이었다. 그이를 혼자 집에 머물게 할 수 없어 함께 움직이기로 했다. 내가 고시를 치르는 세 시간 동안 그이는 차에서 기다리기로 했다. 홀로 기다리는 사람 걱정에 나는 시험을 어떻게 치렀는지 모를 정도로 허겁지겁 마쳐야 했다.

　면접을 하는 목사님이 물었다.

　"각오가 되었나요?"

그러나 내 대답은 오히려 담담했다.

"각오는 없습니다. 그저 순종하는 마음으로 하겠습니다. 하나님이 가라 하시면 가고, 서라 하시면 서는 게 각오라면 각오이겠네요."

지금까지도 그랬다. 아무리 힘들어도 그저 묵묵히 하나님의 지시를 따를 뿐이었고, 그렇게 가다가 멈추기를 반복하였을 뿐이었다.

시험을 마치고 돌아왔을 때 그이 얼굴은 붉으락푸르락했다.

"소변이 마려운데 차 안에서 당신만 기다렸어요."

남편의 목소리는 다급하고 진땀이 흘렀으며 원망인지 반가움인지 모를 감정들이 스며 있었다. 차에서 혼자 내려 화장실을 찾기엔 너무나 위험한 '여정'이었을 게다. 그래서 아내가 빨리 오기만을 기다리고 또 기다렸을 게다. 창밖으로는 봄꽃들이 만개했고 봄꽃 구경을 하는 사람들로 북적댔으므로 더욱 두려웠을 게다. 돌아올 때 그이가 고시를 치른 내게 위로의 말을 건네면서 말했다.

"아내가 임신하면 남편도 입덧을 한다고 하잖아요. 내가 오늘 그런 것 같아. 아무튼 잔디밭 위로 날아다니는 까치가 너무나 부러운 하루였어요."

아내와 함께 입덧을 한다고 여기며 그 괴로운 시간을 보낸 그 사람의 옆모습을 흘깃 바라본다. 이렇게 늘 내 곁을 지켜 주는 것만으로도 고마운 사람이다. 그 사람의 한 마디에도 나는 감사하고 평화로워진다. 그러니 그이는 다른 누구에게보다도 먼저 나에게, 둘도 없는 '전도사님'이다.

나에게 이리도 소중한 '전도사님'이라면 하나님께는 또 얼마나 소중한 사람일까? 그분이 그렇게 귀하게 여기는 사람인데, 그 사람의 병이 나을 수 있다면 내 생명인들 못 드릴까. 나는 아무것도 할 수 없는데 그이의 빈자리를 내가 어찌 살아갈 것이며, 전도조차 그이가 없으면 못하는 사람인데 또 살아간들 하나님께 무슨 유익이 있을까.

그이의 병이 치유 받는 날, 그이를 위해 기도해 온 수많은 사람들이 기뻐하며 찬양할 일을 생각하면 잠자리에 누웠다가도 벌떡 일어나 더욱 기도하게 된다. 그래서 언젠가부터 나는 내 생명을 받으시고 그이를 살려 달라고 기도하기 시작했다. 그렇게 내 생명이 쓸모가 있다면, 그것이야말로 내 생명이 가장 소중하게 쓰이는 길이라 생각했다. 그이의 병이 낫는 날, 하늘에서 잔치가 열리는 날, 기꺼이 내 생명을 드리는 날, 그날이 오기를 기도한다.

무능력한(?) 당신

사흘간의 신유집회에 그이와 함께 참석하기로 했다. 약을 끊고, 사람의 도움을 끊으면서, 우리는 기도하며 하나님의 치유하심을 더욱 기대하였다. 집회 장소는 불편했다. 우리 교회도 3층인데 집회 장소도 3층이라 하루 두 차례씩 오르내리며 집회에 참석했다.

"하나님을 만나면 모든 질병이 치유됩니다."

설교자가 이렇게 말할 때 내 귀엔 다른 음성이 들려왔다. 치료를 받지 못하면 하나님을 만나지 못한 사람이 된다는 메시지다. 그이는 묵묵히 설교에 집중했다. 교회에선 누구보다 뜨겁게 설교하는 그이가 순한 양처럼 앉아 있는 모습이 왠지 가슴 아프다. 이번엔 더욱 쓰라린 메시지다.

"요즘 목회자들, 능력이 없어. 그러니 병을 고칠 수도 없어."

목에 걸린 가시 같다. 삼킬 수도, 뱉을 수도 없다. 나아만 장군을 생각한다. 자신의 모든 권위를 내려놓고 요단강에 들어갈 때 차라리 낫기를 포기하고 싶지 않았을까? 얼마나 병을 벗어던지고 싶었으면 목숨만큼 소중한 권위조차 내려놓았을까? 본디 겸손한 사람이었을까, 그는?

집회에 참석한 첫 시간부터 내 속에선 그만두고 돌아가자는 목소리가 끓어올랐다. 하지만 끝까지 참석하기로 주님과 약속했기에 자리를 지켜야 했고, 내 안에는 그이의 존재만 더욱 뚜렷해졌다. 내게는 누구와도 대신할 수 없는 '한 사람'이다. 집회 설교자가 말한 것처럼 당장 자신의 질병조차 치유할 수 없는 '무능력한'(?) 목회자이지만 나는 여전히 그 한 사람을 위해 내 생명조차 아낌없이 드릴 것이다. 그이와 인생을 함께해 온 내가 아는 한, 그이는 무능력할지 몰라도 하나님의 사랑을 받으며 여기까지 달려온 사람이다.

그분이 정해 놓은 '시간'

• "그이가 어린 날에 받은 마음의 상처와 쓴 뿌리를 제거해 주십시오."

그이와 결혼한 뒤 오랫동안 기도해 온 제목이었다. 나는 그이에게 숨어 있는 멀고도 오래된 상처를 보았다. 그이는 볼 수 없었지만 내게는 틀림없이 보였다. 참 오랫동안 나는 그 상처를 치유해 주시기를 주님께 기도했다.

그러던 어느 날 루게릭병이 찾아왔고 남편은 하루가 다르게 서서히 병세에 짓눌렸다. 홀로 거동이 어려워지고 말 속의 뼈들까지 녹아드는 듯 흐물흐물해졌다. 옆에서 기도하는 사람들의 의지까지 그렇게 주눅이 들 정도였다.

그 무렵 어느 목사님이 병문안을 왔다. 목사님은 내적 치유를 통해 남편의 상처를 어루만지고자 하였다. 서로 대화가 깊어질 때 그를 보내신 분이 주님이란 사실을 깨달았다. 루게릭병을 앓지 않았다면 만나지도 못할 사람이었다. 목사님은 그렇게도 오래되고 묵은 상처들을 남편 마음 저 밑에서부터 꺼내어선 말끔히 사라지게 만들었다. 'del' 키를 누른 것처럼 삭제되었다.

남편은 이제 한결 부드러워졌다. 마음이 부드러워지면 삶까지 부드러워지는가 보다. 그렇다면 이제 육체의 굳어진 근육들까지 새살 돋듯 다시 부드러워질 수도 있을 것 같은 희망이 생겼다.

어차피 모든 일은 주님의 손에 달리지 않았는가. 마음을 이제 와서야 비로소 부드럽게 만드신 주님께서 몸까지 그리하실 수도 있지 않겠는가. 그분의 은혜는 지금도 여전히 강처럼 흐르고 또 흐르지 않는가. 은혜의 생수를 마시며 살아간다면, 그 깊은 곳에 뿌리내려 살아간다면, 주님은 다시 그이를 일으켜 세우시고 그이를 통해 찬양을 받으시지 않겠는가. 마음의 상처를 치유하기 위해 그분이 정해 놓은 시간이 있었던 것처럼, 몸의 병을 치유하기 위한 그분의 시간 또한 정해져 있을 것이다.

고난주간의 선물 두 가지

병든 그이를 위한 강대상

매년 맞는 고난주간이지만 그때마다 새로운 의미로 다가오는 시간이다. 올해는 특히 샬롬교회를 개척한 지 4년째가 되는 해다. 예배당을 둘러본다. 처음보다 실내는 제법 그럴듯한 예배처소로 다듬어졌다. 하나하나가 누군가의 기도와 헌신으로 이뤄졌다. 며칠 전에는 새 강대상이 마련됐다. 여기에도 또 한 사람의 소중한 마음이 담겨졌다. 평소 언니 동생으로 지내는 최 전도사의 마음이었다.

"언니, 이거…."

봉투다.

"이게 뭐니?"

"응, 헌금!"

"갑자기 웬 헌금?"

"아, 전하고 나니까 이제 시원하다! 이거 우리 딸아이가 받은 장학금이야. 오십 만 원인데 어떻게 쓸까 고민하다가 언니에게 전해 주면 알아서 쓸 거라고 해서 건네는 거야."

"누가? 누가 나한테 주면 알아서 한대?"

"누구긴, 하나님이시지. 나, 기도 응답 받았어."

최 전도사도 '흘려보내기'를 한 셈이다. 그렇다면 그 돈이 쓰일 곳이 정해져 있다는 이야기인데, 나로선 최근에 하나님께 그런 요청을 한 기억이 없다. 최 전도사 가정도 빠듯한 살림살이인데 그대로 보관했다가 최 전도사 아들이 대학 갈 때 보태서 등록금으로 줄까 하는 생각도 해 봤다.

기도를 하면서 내내 이 돈을 어디로 흘려보내야 주님 뜻에 맞을지 묻고 또 물어 봤다. 그대로 묻어 둔다면 한 달란트를 땅에 묻어 두었다가 꾸지람 들은 종처럼 되지 않을까 염려되어 고개를 흔들었다. 강대상이 자꾸 떠올랐지만 그 또한 머릿속에서 지웠다. 강대상이 더 커지면 일어서기도 힘든 그이가 아예 보이지도 않을 것 같았다. 그런데 기도회가 끝나고 최 전도사가 강대상을 새로 바꾸고 싶다고 했다.

"언니, 지금 강대상은 너무 커요. 형부가 올라서려면 받침대를 밟고 오르내려야 하는데 위험해요. 적절한 크기로 강대상을 바꿔요."

"어…."

아직 확신이 서지 않아 나중에 남편에게 강대상 이야기를 꺼냈다. 의외로 너무 반기는 얼굴이었다. 비로소 나도 확신이 섰다. 곧바로 인터넷 검색을 했고, 이튿날 성구사 대표가 방문했다. 감리교회 권사인 그는 우리 교회를 돌아보고는 우리 교회에 어울리는 강대상을 준비한 가격으로 제작해 주기로 했다.

그이는 아직 병으로 고통당하고 있지만 우리 교회를 향한 하나님의 계획은 오늘도 변함없이 뚜벅뚜벅 앞을 향하여 나아가고 있다. 사람이 보기에는 어떠할지 모르지만 하나님이 보시기에는 여전히 우리는 앞을 향해 나아가고 있다는 사실이 얼마나 큰 위로를 주는지 감사하지 않을 수 없다.

주님, 감사합니다

아침에 일어나 가장 먼저 하는 일은 남편의 양손을 잡고 밖으로 걸어 나오는 일이다. 고난주간의 어느 날 아침도 밖으로 나오려고 그이 손을 잡다가 깜짝 놀랐다. 오른손 엄지와 검지 사이가 도톰했다. 늘 손을 잡고 움직였으므로 내겐 익숙한 손의 느낌이 있었다. 그래서 달라진 그이 손을 금세 알아차릴 수 있었다. 도톰한 힘이 느껴졌다.

식탁에 앉아서도 그이 손을 잡아 보고 문지르며 마치 병이 다 낫기라도 한 것처럼 기뻐했다. 감사하고 또 감사하며 하도 기쁜 나머지 울기까지 했다. 아마 그 후로 두 주쯤 그이 손을 잡고 변화를 점검하는 게 내 일과가 되었다. 근육이 좀 빠진 듯한 날은 다시 우울해지면서, 내가 잘못 느낀 건가, 혹 부기가 있는 건가, 신장이 안 좋아서 부은 건가…, 온갖 경우의 추측들을 모두 동원했다.

그렇게 두 주쯤 지났을 때 나는 그이 오른손이 많이 도톰해졌다는 것을 뚜렷이 감지할 수 있었다. 엘리야에게 보이던 그 구름 한 점의 희망을 나도 지금 보는 것인지도 모른다고 생각하며 매일을 감사하며 보냈다. 그러던 어느 날, 아침 준비로 바쁜데 그이가 급히 나를 찾았다.

"바쁜데 무슨 일이에요?"

"여보, 내 목소리 좀 들어 봐요. 주님, 감사합니다. 주님, 감사합니다."

'주님, 감사합니다.' 하는 그이의 말이 도톰해진 오른손처럼 바르고 또렷했다. 참으로 오랜만에 예전의 그이 목소리를 듣는 듯했다.

"여보, 다시 해 보세요. 다시…."

"주님, 감사합니다. 주님, 감사합니다…."

어린 아기가 처음으로 말을 트는 것도 기쁘지만, 잃어가던 말을 회복하는 건 더욱 기쁜 일이다. 그렇더라도 회복한 첫 말이 '주님, 감사합니다.'라니, 정말이지 그이다웠다. 주님이 그렇게 사랑하는 사람이란 뜻으로 나는 이해했다. 우리는 아이들과 합창을 했다.

"주님, 감사합니다. 주님, 감사합니다!"

그 말, 매일매일 들어도 싫지 않은 말이다. 아니 세상에서 모든 말을 잊어버리더라도 마지막까지 남아야 할 말이지 싶다. 그이는 그 아름다운 말을 회복하였다.

"주님, 감사합니다."

'휠체어맨'이 되다

그이가 목사고시를 치르는 날이다. 신학대학원에 다니면서 전도사 신분으로 샬롬교회를 개척했다. 개척교회에다 상가교회, 거기에다 전도사가 목회하는 교회였으로 한계가 많았다. 세례도 못 주고, 축도도 못 하는 전도사가 있는 교회로 찾아올 성도는 거의 없다. 그래서 더욱 목사 안수에 목말랐다. 이제 목사 안수를 위한 중요한 관문으로 들어서는 셈이었다.

아침부터 이것저것 서둘러 준비하느라 분주했다. 조금 일찍 집을 나섰다. 오늘은 무엇보다 그이가 처음으로 휠체어를 타는 날이다. 무거운 휠체어를 번쩍 들어 차에다 실었다.

"조심해요, 무거워."

"괜찮아요, 저 힘세요."

나는 일부러 밝게 말했지만 생각보다 무게가 나갔던지 어깨가 결렸다. 휠체어를 집에 가져왔지만 그동안 타지는 않았다. 우리는 "저건 장식용일 뿐"이라고 늘 말했다.

고시를 치르는 곳은 학교이다. 도착해서 다시 휠체어를 내려 그이를 앉혔다. 이제 이것을 밀고 고시 장소까지 가야 한다. 처음 미는 휠체어라 익숙하지 않다. 방향을 마음대로 잡을 수가 없다. 원하지 않는 길로 덜컹거리고 가면 그이는 불편함을 고스란히 표현한다. 미안하면서도 다른 사람들 눈이 신경 쓰인다. 불편하다.

"전도사님, 안녕하세요?"

여러 사람들이 인사를 한다. 뭐가 이리 유명해졌담? 내 얼굴에도 구김이 갔을 게 틀림없다. 그래서 땅을 보면서 휠체어를 밀었다. 그러다가 다시 요철을 피하지 못해 덜컹거리며 휠체어가 흔들렸다.

"여보, 왜 그래요?"

또렷하지도 않은 말로 나무라는 남편 목소리에 사람들이 또 주목

한다. 등으로 식은땀이 줄줄 흐른다. 빨리 피하고 싶을 뿐이다. 피로가 몰려온다. 어찌어찌 하여 그 힘든 여정을 마치고 집으로 돌아왔을 때는 온몸이 파김치가 되었다. 다리는 손가락이 쑥쑥 들어갈 정도로 부었다.

어찌 되었거나 우리는 여기까지 왔다. 휠체어까지 탔다. 아마 종착역이 가까워 온 듯 보였다. 종착역에 다다르면 이제 돌아올 일만 남은 셈이다. 다시 우뚝 서서 예전처럼 씩씩하게 걷게 될 것이다. 해가 뜨기 전의 새벽이 가장 어둡고 춥다 했던가? 우리에게 그 지점이 가까웠다. 이제 설레며 돌아올 시간을 기다려야 할까?

목사 가운을 입히며

2011년 11월 10일은 남편이 처음으로 목사 가운을 입는 날이었고, 동엽이가 수능고사를 치르는 날이었다.

아침 여섯 시에 일어나 아들을 위해 도시락을 챙겼다. 아들 손을 잡고 기도를 해 주었다. 차마 시험 잘 치라는 소리는 하지 못했다. 고 3이 시작되면서 아빠의 투병도 함께 시작되었고, 우리는 고 3인 아들을 위해 무엇 하나 해 준 게 없어 미안할 뿐이었다. 내가 시험장에 가는 아들에게 줄 수 있는 건 미안한 그 마음 하나뿐이었다.

늘 예민한 쪽은 환자였다. 환자에 집중하느라 아이들에게는 아무 관심조차 갖지 못했다. 어느 날 문득 동엽이의 교복 바지가 발목 위로 훌쩍 올라간 걸 보고서야 '아, 동엽이 키가 많이 컸구나.' 하고 놀랐다. 교복바지 단을 내리기 위해 바느질을 하는데, 이미 한 번 단을 내린 흔적이 있었다. 바느질이 서툰 것으로 봐서 동엽이가 직접 바느질을 한 모양이었다.

오늘 아침에도 동엽이의 수능보다 남편의 목사 안수식에 더욱 마음이 갔다. 아침 일찍 서둘러 남편을 깨우고 면도를 하고 목욕을 시키고 머리를 다듬었다. 안수 받는 교회로 향하며 결혼 후 오늘에 이르기까지 참으로 긴 시간 힘겹게 이 산을 올랐구나 싶어 눈물이 주르르 흘렀다.

오래 사귀었던 분들이 남편의 목사 안수를 축하하기 위해 그곳에 와 있었다. 한 분 한 분 소중하기 그지없는 분들이었다. 그들을 향해 내가 줄 수 있는 건 행복한 미소뿐이었다. 참 행복한 웃음이었을 게다. 남편도 웃었고, 하객들이 또 웃었다.

휠체어를 밀고 남편의 가운을 다듬으며 남편과 함께 목사 안수를 받았다. 주인공인 그이와 조연인 내가 이루는 완벽한 조화가 인생의 가장 빛나는 한순간에도 어김없이 빛났다. 아니다, 오늘만은 나도 그이와 더불어 공동 주연인지도 모른다는, 그런 행복감에 취했다.

함께 있는 것만으로도
행복한데

● 　　　　　　　　　　　남편을 간호하다 보니 아이들에게 시간을 내 줄 수가 없다. 다행히 스스로 자기관리를 해나가니 고마울 뿐이다. 그이가 거동이 불편해진 뒤로 우리는 교회에서 기거했다. 고은이와 동엽이는 사택으로 쓰던 지하방에서 따로 지냈는데, 나는 아이들을 거의 돌보지 못했다. 한 달에 두세 번 다녀오는 정도였고, 대신 저녁은 교회에서 함께 식사를 했다.

아이들은 아빠 운동을 돕기도 하고, 엄마 부엌일을 돕기도 했다. 우리는 서로 기도하면서 결코 자연스럽지 않은, 5개월 정도의 시간을 떨어져서 보냈다. 서로에게 부정적인 말은 삼갔다.

그러다가 가을로 들어서면서 다시 아이들과 교회에서 함께 지내기로 결정하고 이사를 했다. 교회에서 좀 지내다가 봄이 오면 다시 집을 구해 볼 생각이었다. 이사는 간단했다. 이사 거리가 가까워 손수레를 빌려 열흘 정도 조금씩 나르다 보니 거의 다 날랐다. 버릴 것은 버리고 남 줄 것은 주고 나니 짐이 많이 줄어들었다.

동엽이는 강단 위에 자리를 잡았고, 고은이는 본당 바닥에 자리를 잡았다. 개인용 모기장을 하나씩 쳐 줬더니 근사한 공간이 되었다.

"우리가 교회를 빌려서 살고 있다는 사실을 잊지 말거라. 예배 시간이 되면 개인용품을 깨끗이 치우고 보이지 않는 곳으로 정리해야 한다. 예배당은 예배가 중심이지 우리가 잠자는 것이 중심이 되어선

안 된다. 알겠지?"

　아이들에게는 이렇게 단단히 일러두었다. 오랜 만에 아이들과 함께 같은 공간에서 자고, 식사도 함께 하니 나로선 좋기만 하다. 이런 시간이 내게는 참 행복한데 아이들은 어찌 생각할지 모르겠다. 여드름투성이 아들에게 얼굴 팩을 해 주니 좋아한다. 행복이 어디 멀리 있을라고.

북한 컴패션의
씨앗을 심고 싶습니다

　한국 컴패션의 대표인 서정인 목사를 알게 된 것은 우리 가족에게는 무엇보다 소중한 하나님의 축복이었다. 그는 누구보다 남편을 향해 큰 지지를 보내 주었고, 소리 없이 격려해 주었다. 가장 힘들 때 늘 우리 곁에서 함께했다. 그는 하나님께서 세우신 천사이다. 세계의 가난한 어린이들의 수호천사이다.
　2011년 11월 10일, 남편은 그렇게도 바라던 목사 안수를 받았다. 2000년에 신학공부를 시작한 지 12년 만에 목사가 된 그이는 하나님께 감사하면서 이날을 기념하고 싶어 했다. 남편은 그 마음이 담긴 편지를 서정인 목사에게 보냈다.

사랑하는 서정인 목사님께.

아직 목사 안수도 받지 않은 제게 깍듯이 목사님이라 불러 주신 목사님. 그렇게 불릴 때마다 '나는 아직 아닌데' 싶어 몸 둘 바를 몰랐습니다.

기도해 주신 덕분에 은혜로운 안수식을 가졌습니다. 그 시각 제게 축하해 주시려고 국제전화를 주셨는데 제가 전화를 꺼 놓아서 받지 못했습니다. 목사님을 대신하여 차인표 집사님을 비롯해 문애란 집사님과 브라이언 목사님, 그리고 여러분들이 찾아와 주셔서 행복한 시간을 보냈습니다.

목사님, 안수를 받기 전 가족들과 함께 기도하면서 작은 결심을 했습니다. 목사 안수식 때 들어오는 축의금을 북한에 컴패션이 세워지는 데 씨앗으로 심기로 한 것입니다.

사실 이런 결심을 한 것은 언젠가 차인표 집사님 홈페이지에 들어갔을 때입니다. 거기서 북한 어린이들 동영상을 보았고, 저는 만감이 교차했습니다. 멀리 있는 온 세계 어린이들을 컴패션을 통해 양육할 수 있지만 우리 동포인 북한 어린이들은 그 혜택을 못 받는다고 생각하니 마음이 아팠습니다. 목사님께서 북한에 컴패션이 들어가기를 기도하고 준비해 오신 이야기를 들었습니다. 참 감사한 일입니다.

다행히 이번에 축의금이 약간 들어왔습니다. 이 축의금에다 제 치료비로 쓰기 위해 모아 둔 돈을 보태어 천 만 원을 만들었습니다. 이 돈이 북한 컴패션이 세워지는 데 한 알의 밀알이 되기를 소망합니다.

저는 수많은 죽음의 위기를 건너서 어쩌면 덤으로 살고 있는 생명입니다. 건강도 점점 좋아집니다. 저에게 오늘의 기쁨을 주신 분들이 컴패션 가족들입니다. 그래서 더욱 행복합니다.

감사드리며, 또 일거리를 얹어 드려 송구합니다.

하루하루 살아낸다는 것

설교문을 스크린에 띄워 자막을 보듯 설교를 듣지만 성도들은 한 마디 불평도 없이 설교를 듣는다. 교회를 세울 때부터 함께하던 분들이다. 아침저녁으로 그들은 '우리 목사님이 예전처럼 회복되기를' 기도한다. 감사한 마음뿐이다.

하지만 지난 주일부터 그이 말이 눈에 띄게 더 어눌해졌다. 내 마음은 타 들어간다. 떠나는 성도들이 늘어나지만 잡을 수가 없다. 이번 주일 예배엔 또 누구의 자리가 비게 될까. 비어 있는 자리를 아쉬워하면서도 차마 전화할 자신이 없어 전화기를 들었다가 다시 놓기를 몇 번째 하는지 모른다.

모든 것을 조용히 내려놓고 그들을 위해 기도했다. 지금 내가 할 수 있는 일은 이뿐이다. 그저 주님께 맡길 뿐이다. 주님께 더 이상 "왜?"라고 묻지 않기로 결심했다. 당신이 하시는 일이니, 또 당신이 하셨던 일이니, 묻지 않고 묵묵히 하루하루 살아내기로 남편과도 다짐했다.

여느 날보다 더욱 힘들어하는 남편의 몸을 살펴보니 발등에 붓기가 있다. 일찍 침대에 누이고 수액제를 놓았다. 그래서인지 밤새 소변을 보느라 잠을 설쳤다.

오늘은 아침부터 바빴다. 먼저 저주파 치료기로 남편을 깨웠다. 목에서 발바닥까지 위치를 바꿔 가며 붙이고 떼고 또 붙이고…. 딱딱

하게 굳어 있던 발목이 이틀 전부터는 움직이기 시작했다. 오늘 아침엔 걸을 때마다 꼬이던 다리가 약간 벌어져 걷기가 좀 더 편해졌다. 부었던 발목의 관절도 가라앉았다.

물리치료를 하기 위해 지금까지 사용하지 않은 채 처박혀 있던 의료기구들을 꺼냈다. 병원에 근무할 때부터 누군가를 위해 사용할 것 같아서 하나씩 사 두었다. 아직 한 번도 사용해 본 적이 없다. 그런데 이 기구들이 지금 와서 남편에게 사용될 줄 꿈이나 꾸었을까.

다행히도 이런 기구들이 효과를 나타냈다. 조금이라도 나아졌다고 그이가 말할 때 나는 무엇보다 기쁘고 감사하다. 이 미세한 반응에도 감사할 수 있음이 또 행복일까. 이렇게 하루하루를 살아가다 보면 하나님께서 저편 언덕에 예비하신 기쁨을 만끽할 수 있을까?

노무라 목사님께 기쁨을 드리다

노무라 모토유키(野村基之) 목사는 1960년대와 1970년대 청계천 판자촌 일대에서 도시빈민 선교를 펼치며 빈민의 성자로 불린 분이다. 청계천 빈민들을 위해 당신의 삶을 바쳤으면서도 언제나 "일본 때문에 한국이 가난하게 되었으니 한국 국민들에게 용서를 빕니다."라고 하셨던 분이다.

이제 여든 둘이신 노무라 목사는 〈국민일보〉에 실린 인터뷰에서 "죽은 뒤에 부부가 함께 제 2의 고향인 한국에 꼭 묻히고 싶다."고

소망했다. 순간 하나님께서 우리가 그분께 작은 친절을 베풀도록 인도하시는 걸 느꼈다.

나는 〈국민일보〉에 전화를 걸었다.

"안녕하세요. 저는 최미희라는 사람이고요, 경기도 성남 샬롬교회 김정하 목사 아내입니다. 노무라 목사님 이야기에 깊은 감동을 받았어요. 이름 없이, 빛도 없이 가난한 사람들을 위해 일생을 바친 노무라 목사님 부부가 한국에 묻히고 싶다는 말씀을 들었어요. 저희에게 강원도 삼척 바닷가에 자그마한 임야가 있는데 노무라 목사님이 허락해 주신다면 그 땅을 기증하고 싶습니다."

전화를 받은 신문사 기자는 노무라 목사의 의향을 들은 뒤 다시 연락을 주겠다고 했다. 그리고 얼마 뒤 노무라 목사가 기꺼이 그 땅에 묻히겠다는 뜻을 밝혔노라고 전화가 왔다. 하나님께서 우리를 그렇게 인도하신 것을 확신했다. 무엇보다 귀한 분께 작은 친절을 베풀 수 있어 하루 종일 기쁨을 감추지 못했다.

그런데 며칠 뒤 〈국민일보〉에 이런 칼럼이 실렸다.

오직 주의 사랑에 겨워 1960년대 척박한 한국 땅에 건너와 청계천 빈민들과 함께 산 노무라 목사 부부. 그리고 온 몸으로 사랑을 실천하고 있는 김 목사 부부는 이렇게 연결됐다. 우리와 동시대를 살고 있는 사랑의 사람들이다. 교회는 살아 있고, 하나님은 선하시다!

노무라 목사 부부는 언젠가 삼척의 바닷가에 묻힐 것이다. 하나님이 어느 날 "이 세상에서 가장 아름다운 곳이 어딘가?"라고 물으실지 모른다.

그때 천사들이 대답할 것이다. "삼척 바닷가의 바로 저 무덤입니다. 아름다운 사랑의 이야기가 있지요." 하나님이 대답하시리라. "그래, 정말이다. 잘 맞혔도다."

(2011년 11월 16일자 〈국민일보〉 이태형 선임기자 칼럼 중에서)

"다음엔 운동선수로 써 주세요"
●
"여보, 살고 싶어. 정말 살고 싶어."

그이가 그렇게 말할 때 나는 아무것도 해 줄 게 없어 그저 못 들은 체 했다. 그리고 맘속으로 그이를 향해 말한다.

'2010년 10월에 루게릭병 진단을 받았으니 이제 1년이야. 주님의 계획을 사람이 알 수가 없으니까, 그러니까 우리는 기다리는 거야. 지금 당신이 병으로 고통당하는 까닭도 그분의 계획 속에서 찾을 수 있을 거야. 그리고 우리는, 꼭 이 고통으로부터 해방될 거야. 주님이 이 질병의 늪에서 건져 주실 거야. 그러니 이미 나은 거나 다름없어. 단지 우린 그분의 시간을 기다릴 뿐이야.'

안다. 아무리 선포하고 다짐해도 현실은 그대로다. 아무것도 달라지지 않는 이 시간이 얼마나 견고한 성 같은지 새삼 무기력해지기도 한다. 그래도 어쩔 수 없다. 그때가 오기까지 잘 견디자고, 그렇게 말하고 다짐하고 또 선포한다. 나의 선포의 대상은 누구일까? 루게릭병? 아니다, 나를 향해서이고 그이를 향해서이다. 아니다. 어쩌면 하나님을 향해 선포하는 것인지도 모른다.

"여보, 우리는 하나님이 감독이신 이 영화 속에 주연과 조연배우로 캐스팅 된 거예요. 알죠?"

그이가 웃어 준다. 내가 봐도 그이는 루게릭병 환자 역할을 정말이지 잘 소화하고 있다. 누구도 대신할 수 없을 정도로 완벽하다. 그이가 움직이면 하나님께선 조연인 나에게도 '액션'을 명령하신다. 내가 볼 땐 조연 연기도 주연에 만만치 않다. 그렇게 몰두하다 보면 하루 일정이 마무리된다. 나는 또 남편에게 칭찬 겸 위로 한 마디를 잊지 않는다.

"여보, 잘했어. 오늘도 우리 통장엔 출연료가 입금되었을 거야. 1년이나 되었으니 이젠 정말 부자가 되었을 거야. 이렇게 모은 출연료를 어디에다 사용하면 좋을까?"

그이가 또 웃어 준다. 그이의 웃음 속에는 그날을 기다리는 간절한 소원이 담겨 있다. 그리고 주님께 이렇게 기도한다.

"루게릭병 연기 잘 마치면 다음엔 운동선수로 써 주시면 좋겠습니다."

| 에필로그 |

우리들의 감사일기

01

남편이 구두닦이로 우리보다 더 어려운 아이들을 도울 수 있어 감사했습니다. 방송사도 신문사도 구두닦이 전도사를 기사로 실어 주어 뜻하지 않은 사랑을 받게 되어 감사했습니다. 소문이 어찌 났는지 우리 교회 옆 대로변에서 부동산을 하시는 분이 계신데, 자신은 불교신자이면서 누군가 교회를 가야겠다고 해서 우리 교회로 가는 게 좋다고 소개해 주었답니다. 소개 받고 온 분이 남편에게 "목사님은 성공하셨습니다."라고 칭찬했습니다. 소문은 부담스러운 것이지만 저에게는 때때로 보람과 기쁨을 가져다줍니다. 감사합니다.

02

반 지하방에 살 때도 여름엔 시원하고 겨울에는 위풍이 없어 감사했습니다. 무엇보다 지상에서 사는 사람들이 부럽지 않고 자족하며 살

앉으니 감사합니다. 없는 집에서는 보일러 하나 고쳐서 온수를 마음대로 쓰는 것도 감사할 일입니다. 우리는 반 지하방에서 온가족이 함께 비바람과 추위를 피해 따뜻한 잠을 청했고, 감사의 찬양을 불렀습니다. 감사할 일입니다.

03

그이는 누군가로부터 받은 바지를 입고도 즐거워합니다. 그 이유를 이렇게 적습니다. "아내는 멋진 재봉사입니다. 허리 사이즈가 맞지 않는 바지를 얻으면 아내는 손재봉틀을 이용해 꼭 맞는 바지로 만들어 줍니다. 부요하여 꼭 맞는 비싼 바지를 사 입는 것보다 더욱 가치 있는 바지를 입었으니 감사합니다." 이렇게 아내의 손길을 무엇보다 비싼 값으로 쳐주는 남편이 있어 행복합니다. 남편의 머리를 손질하는 일도 제 손으로 간단히 해내는데 그이는 어떤 미용사보다 훌륭하다며 엄지를 치켜세워 줍니다. 가난은 이처럼 아내와 남편의 가치를 깨닫게 해 줍니다.

04

언젠가 남편이 헌옷을 팔아서 얻은 8,000원을 아이들에게 4,000원씩 용돈으로 나눠 주었는데, 아이들이 그 돈을 모두 헌금했습니다. 형편이 어려워 학원에도 못 보냈는데, 학원에 안 가는 대신 더 열심히 공부하여 스스로 공부하는 힘을 키운 것이 아이들에게는 나중에 알고 보니 큰 도움이 되었습니다. 아이들은 가난하여 언제나 '친아빠'인 하나님의 도움으로 공부한다는 생각을 가질 수 있었습니다. 이 모두가 감사할 일입니다. 아들 동엽이는 아빠를 보며 신학생의 길로 가겠다니 더욱 감사합니다. 가난 속에서도 행복한 믿음의 삶을 보았기 때문일까요? 가난한 엄마 아빠를 두었으나 하나님을 사랑하는 아이들로 자랐습니다. 무엇보다 감사할 일입니다.

05

풍요하게 과일을 먹는 일보다 더 감사한 일은 과일의 맛을 누구보다 더 잘 느끼면서 먹는 행복입니다. 우리는 과일을 먹을 때 바로 그 과일의 맛을 누구보다 잘 느낍니다. 그 까닭은 언제나 먹고 싶다고 마음대로 먹을 수 있는 음식이 아니기 때문입니다. 우리에게 과일은 귀한 음식입니다. 그 귀한 음식이 누군가의 선물로 주어질 때 우리는 참으로 행복한 과일의 맛을 느낍니다. 가난이 주는 가치입니다. 무엇이든 소중히 여기고 그 가치를 누구보다 풍요하게 느끼는 힘입니다. 게다가 이렇게 소중한 과일을 이웃과 성도들과 나누게 될 때면 그 나눔의 가치는 더욱 커지고, 나눔의 감사도 훨씬 깊어집니다. 너무도 감사한 일입니다.

06

유난히 추운 겨울에는 보일러 기름을 채워 주시는 권사님이 계십니다. 식혜를 담아 가져오시는 집사님이 계시고, 때 되면 때 맞춰 굴이나 곶감처럼 기이한 음식들을 가져다주시는 성도님들이 계십니다. 어떤 분은 쌀을 보냅니다. 성도님들은 가난한 전도사를 위해 늘 없는 살림살이를 줄여 나눕니다. 그들이 보내는 그 사랑이야말로 목회자가 누리는 기쁨이고 행복입니다. 이상하게도 그들은 가난한 전도사의 설교에 눈물 흘리고, 가난한 전도사가 가자는 쪽으로 따라갑니다. 날씨가 추워서 가난한 전도사가 떨고 지낼까 봐 새벽기도에 더 많이 나오고, 전도사가 병들어 거동조차 불편해지면 성도님들이 전도사 대신 교회 일꾼이 되고 기도의 청지기가 됩니다. 하나님께서 우리를 가난하고 약하게 하심으로써 비로소 깨닫게 한 지혜입니다. 감사합니다.

07

봄이 오던 어느 날, 그이의 감사일기 노트엔 모든 게 감사로 충만했다. 감사의 꽃밭이었다.

입춘이 지난 대지에 봄비가 내리니 감사합니다. 집사님이 운영하시는 한의원에서 무료로 어깨 치료를 받게 하시니 감사합니다. 점심시간에는 맛있는 김치찌개를 대접받으니 감사합니다. 쌀 두 포를 어려운 이웃과 나눌 수 있어서 감사합니다. 사춘기라 힘들어하는 동엽이 때문에 더욱 기도하게 하시니 감사합니다.

교회로 양말을 팔러 온 사람들에게 작은 도움을 줄 수 있어 감사합니다. 아내가 배운 미용기술로 성도들의 이발까지 해 주게 되어 감사합니다. 아내의 신발 바닥과 뒤축이 떨어졌는데 강력접착제로 붙여 재활용할 수 있어 감사합니다. 교회 봉고차 가스가 떨어졌으나 이번에는 가득 채울 여유가 있어 감사합니다.

때론 늦잠을 잘 수 있는 여유를 주셔서 감사합니다. 병원에 입원한 성도를 심방하게 하시니 감사합니다. 건강을 허락하셔서 변함없이 구두를 닦게 하시니 감사합니다. 아무개 집사님이 열심히 일하게 하시니 감사합니다. 날씨가 따뜻해져 난방비가 절약되니 감사합니다. 고은이가 대학에 입학하는 바람에 아내가 신학원을 포기하려 했는데 아내의 등록금도 채워 주시니 감사합니다. 김연아 선수가 동계올림픽에서 금메달을 따게 하시니 감사합니다.

08

샬롬교회는 가난한 교회이지만 나눔을 좋아하는 교회입니다. 가난한 이웃들은 어디에나 있습니다. 샬롬교회 성도들은 그들에게 쌀을 나눕니다. 폐지를 주워서 판 돈으로 성당 나가시는 어느 할머니에게도 쌀을 드립니다. 저는 보잘것없는 미용기술 하나로 돈을 모아 노숙자를 돕습니다. 우리는 특히 해마다 연례행사처럼 강원도에 가서 나물을 캐오는데, 이 나물들을 이웃들과 나눕니다. 또 유월에는 매실을 따서 이웃들과 나눕니다. 뒷집 할머니가 주신 상추 모종을 옥상에 잔뜩 심었는데, 하도 싱싱하게 자라서 이웃들과 나눠 먹습니다. 나눌 것이 없는 사람들이 가난한 사람들입니다. 우리 교회는 결코 가난한 교회가 아닙니다. 이 얼마나 감사한 일입니까.

09

시댁은 넓은 땅을 가졌습니다. 그러나 행정에 무지해 등기를 하지 않고 자녀에게 물려주었습니다. 자녀들 역시 객지에서 바쁘게 사느라 땅 관리를 못했습니다. 이 틈을 노려 마을 이장이라는 사람이 시댁 땅을 야금야금 자신의 땅으로 등기를 하며 먹어 들어갔고, 약간의 땅을 제외한 모든 땅을 자기 몫으로 바꾸어 버렸습니다. 남편이 나중에 등기를 하려고 보니 시효가 만료되어 등기가 되지 않았습니다. 내 땅인 줄 알면서 남에게 넘겨주는 건 슬픈 일입니다. 한때 남편은 잠자다 말고 일어나 뜬눈으로 밤을 샜습니다. 그런 시간이 15년 가까이 되었습니다.

그러다가 우리는 IMF의 영향으로 사업이 실패하면서 어쩔 수 없이 고향으로 거처를 옮겼습니다. 하나님께서는 우리 땅이 있는 그곳, 바로 현장으로 보내신 셈입니다. 2,000평에 달하는 선산을 매매해 풍요하게 살고 있는 그들을 보면서 남편은 더욱 화를 참지 못했습니다.

그런데 어느 날부턴가 남편 태도가 바뀌었습니다. 그분들 집 대문 앞에다 전도지를 넣기 시작했습니다. 그렇게 하나님을 이야기하고, 그분들이 이동할 때는 차를 태워 주었습니다. 그러기를 5년이 지나자 비로소 변화가 나타났습니다. 우리 가족이 이미 성남으로 올라온 뒤였지만 예전에 섬기던 교회 홈페이지에서 그들 이름을 발견할 수 있었습니다. 주님은 우리가 땅을 되돌려 받게 하지는 않으셨지만 오히려 그들의 영혼을 구원하시고 우리에게는 땅보다 더 값진 승리를 얻게 하셨습니다. 할렐루야, 감사합니다.

10

남편과 둘이서 기도회를 합니다. 목이 터져라 찬양을 하고 주님 앞에 엎드립니다. 하지만 배가 아파 화장실을 가더라도 도우미인 나는 변기까지만 인도해 줄 뿐 정작 일은 스스로 처리할 수밖에 없습니다. 병원에 가더라도 수술대에 오르는 건 본인의 몫입니다. 기도도 마찬가지여서 하나님께 나아가는 일은 남편의 몫입니다. 그래서 그이가 지쳐 있으면 나는 힘이 듭니다.

감사하게도 하나님께서는 그이를 일으켜 세웁니다. 밤늦은 시간에 남편을 찾아와 기도해 주시는 목사님을 통해서도 남편은 기운을 차립니다. 그분이 돌아가신 뒤 잠깐 잠든 남편은 꿈을 꿉니다. 목사님 기도 덕분에 걷게 되는 꿈입니다. 오늘도 남편은 그렇게 희망의 불씨를 밝힙니다. 기도해 주신 목사님께도 감사하고 꿈으로 위로하신 하나님께도 감사합니다. 반짝이는 희망을 이어 가는 남편에게도 감사합니다.

11

아침 열 시부터 밤 열 시까지 엉겅퀴를 가지고 씨름하고 있습니다. 강원도에서 어머님이 보내온 것입니다. 허리도 안 좋으신데 산을 오르내리며 아들에게 좋다는 엉겅퀴를 캐서 보내셨습니다. 어머니는 한 뿌리 한 뿌리 캘 때마다 "하나님, 이거 먹고 우리 아들 낫게 해 주세요."라고 기도했다고 합니다. 그 말씀을 전화로 들으면서 눈물을 흘렸습니다. 어머니 정성이 고맙고 귀해서 잔뿌리 하나까지 오래 다듬어 녹즙기에 넣고 즙을 냅니다. 질겨서 녹즙기에 못 넣은 뿌리는 끓여서 녹즙차를 만듭니다. 몸은 힘들지만 마음은 뿌듯합니다. 매일 마시고 조금이라도 건강을 되찾으면 좋겠습니다.

오래 기도한 끝에 주님을 영접한 어머니이신지라 예수 잘 믿는다는 아들이 병에 걸렸다면 혹시라도 실망하여 믿음을 버리실까 두려웠습니다. 1년 동안이나 아들의 병을 숨기다가 어쩔 수 없이 말씀드렸는데, 다행스럽게도 어머니는 "우리가 믿을 건 하나님뿐이다." 고백하시며 우리 믿음을 독려하셨습니다. 어쩌면 이 기회가 우리 어머니께서 하나님을 더 깊이 만나실 수 있는 시간이 될지도 모른다 생각하니 질병도 감사하게 됩니다.

12

빚을 지고 거리를 서성이던 어느 성도님은 우리 교회 앞에서 전도지를 받아들고 읽다가 감동을 받아 교회에 등록하신 분입니다. 가족에게도 인정받지 못해 죽고 싶을 만큼 절망적이었을 때 하나님의 사랑을 깨달은 것입니다. 그는 오래 전부터 백내장이 있어 눈이 침침했지만 수술비가 없어 포기한 채 지냈습니다.

남편과 만나 교제하고 예배에도 꼬박꼬박 참석하다 보니 어느새 마음이 평안해졌다고 고백도 했습니다. 처음 대하는 찬양을 어찌나 열심히 따라 하는지 지켜보는 우리가 오히려 감동합니다. 쪽지에다 주기도문과 사도신경을 적어 드렸더니 주머니에 넣고 다니며 침침한 눈으로 그걸 외우느라 애쓰는 모습이 귀합니다.

다행히 남편과 친분을 나누던 안과의 원장님이 무료로 백내장 수술을 받게 해 주었습니다. 수술을 받은 뒤 그는 "새로 태어난 것 같아요. 모두가 천사 같습니다."라고 말하여 우리를 즐겁게 해 주었지요. 그를 보면서 문득 하나님의 섭리가 느껴졌습니다. 우리 눈도 수술을 받은 것일까요? 희미하게 하나님의 손이 보이기 시작합니다.

|부록|

우리는
[김정하-최미희]입니다

Q • 살아오며 일곱 번의 죽을 뻔한 고비가 있었다면서요? 살아오신 여정을 이야기해 주십시오.

A • 일곱 살 때 바다에서 익사할 뻔했던 게 첫 고비였죠. 그 뒤로 연탄가스 중독으로 세 번 죽음의 문턱을 오갔고, 전기 감전에다 폐결핵, 교통사고까지… 생각해 보니 일곱 번 죽음의 위기를 겪었습니다. 그러고 보면 지금의 루게릭병이 여덟 번째 고비가 되네요.

그래서 저는 이미 죽었을 수도 있었으나 하나님의 은혜로 살아 있는 셈입니다. 하루하루가 보너스예요. 하나님을 위해 살 수밖에 없는 인생입니다. 하나님을 위해 산다는 게 뭘까, 대체 하나님의 관심이 어디 머물까, 거기에 주목하여 반응하고 싶은 거지요.

오래 전 연세대 의과대학에 장기와 각막을 기증하고 사후 신체 기증도 했어요. 하나님의 관심이 거기 있었거든요. 루게릭병에 걸리기 전에는 농어촌 목회를 하려고도 했어요. 농어촌 출신이기도 하거니와 목회자들이 농어촌을 기피하니 내가 가야겠구나 생각한 거죠.

그런데 하나님의 관심이 여기 있다고 믿고 반응하더라도 때로는 하나님께서 막으시는 걸 경험합니다. 실제로 농어촌 목회도 하나님께서 세 차례나 막으셨죠. 중국선교사로 떠나고자 준비하기도 했어요. 대학에서 중국어와 중국문학을 공부했거든요. 하지만 그 일도 나이가 많다는 제약이 있어 막혔지요. 시골 교회 장로가 되어 성실하게 교회를 섬기려고도 했는데 하나님께선 오히려 목회자의 길을 열어 주셨어요.

하나님의 목회자 훈련은 꼼꼼했어요. 관리집사로 부르셔서 교회를 위해 자잘한 모든 일을 살피도록 해 주셨죠. 화장실 청소도 하고, 대형 운전면허도 따게 하셔서 하루 20시간 이상을 운전하게 하셨어요. 그 무렵 일주일에 하루 꼴로 입술에 물집이 잡혔을 정도로 강도 높은 훈련이었지요. 하도 힘들어 지치면 친절한 하나님이 이런저런 방법으로 위로와 격려도 해 주셨죠. 부교역자로 사역할 때 담임목사님이 성도들 앞에서 "제가 25년째 목회하고 있는데 김정하 전도사님처럼 나를 감동시킨 사람은 처음입니다."라고 칭찬해 주신 걸 잊지 못합니다.

목회자가 될 결심을 하고 신학교에 다니면서부터 전도에 더욱 몰두하였죠. 몸이 두세 개라도 모자랄 만큼 바빴습니다. 주일 예배 때마다 전도한 사람이 꼭 한 사람 이상은 예배에 참석했어요. 샬롬교회를 개척한 뒤로도 꾸준히 1년 52주 중 54명을 전도해서 매주 새 신자가 등록했지요. 신학교 교수님 한 분은 제자의 이런 열정에 마음이 동하셔서 도시의 한 교회를 소개해 주셨는데, 마치 스카우트 제의처럼 들렸어요. 정중히 사양하자 교수님은 강원도 산골까지 이사비용을 들고 찾아오셨지요.

신대원 재학 중 등록금도 부족하여 분납해서 내고 있는 처지에도 불구하고 6년간의 기도 응답을 받고 순종하여 맨손으로 샬롬교회를 개척했어요. 전도사가 목회하는 교회, 개척교회, 상가교회. 세례도 못 주고 축도도 못하는 교회라는 불리한 조건에서도 앞만 보고 미친 듯이 열심히 사역을 했지요.

아이 둘은 새벽에 학교 갔다가 밤 11시에 들어오고 아내는 병원에 근무하면서 퇴근 후 야간신학교에 다녔으므로 밤늦게야 집에 들어왔습니다. 그러니 자연히 각종 집안일들, 그러니까 세탁, 건조, 다림질, 부엌일, 식사준비 돕는 일 등은 물론이고, 주일 오전과 오후 예배, 수요 예배, 새벽 기도회, 설교 준비, 심방, 전도, 양육, 구제, 쌀 나누기, 반찬 나누기, 구두 닦기, 차량봉사, 무료 중국어 교실 운영, 각종 목회자 세미나, 컨퍼런스, 상담, 불청객 대접 등을 다 하다 보면 그야말로 눈코 뜰 새 없었습니다. 우리 아이들뿐만 아니라 교회 중고등부 학생들 입학식과 졸업식에도 아내는 직장 때문에 아예 참석을 못하고 거의 제가 했습니다. 그러니 몸이 두세 개라도 늘 부족했지요.

저는 오가다 한 번 만난 사람은 헤어지면 다시 만나기 어렵다는 생각에서 결혼식장, 장례식장, 병원, 약수터, 공원, 지하철, 은행, 학교 졸업식장, 유원지, 등산로, 지하 주차장, 백화점, 상가, 버스 안, 택시, 이발소, 미용실, 식당, 주유소, 톨게이트 등등 가는 곳곳마다, 사람 모이는 곳곳마다 전도지를 전합니다. 중국에 일이 있어 갔을 때도 감옥에 들어갈 각오로 복음을 전했지요. 손에는 항상 전도지가 들려 있었고 꿈속에서도 전도하며, 전도하고 있으면 배고픈 줄도 모르고 시간 가는 줄도 모릅니다. 전도는 하나님이 가장 기뻐하시며 너무 즐겁고 신 나는 일입니다. 또 하나의 기쁨은 컴패션이란 해외 어린이 양육기관을 만난 거예요. 처음에는 두 어린이를 후원하기 시작했고, 다음에는 다섯 어린이를 후원했고, 그 이후에는 우리를 통해 수많은 사람들이 후원자가 되어 주셨죠. 우리는 그저 순종했고, 할 수 있는 일을 찾아 했을 뿐인데 그런 모습이 많은 사람들을 감동시켰나 봐요. 하나님께서 귀하게 사용해 주신 거죠.

그러다가 루게릭병을 진단 받았어요. 또 한 번의 위기가 닥쳐온 거예요. 그런데 놀랍게도 하나님께선 병든 저를 사용하셔서 하나님의 일을 펼쳐내셨지요. 하나님께서 사용하시겠다는데 루게릭병이면 어떻고 죽음에 이른들 어떻겠어요. 오히려 감사할 뿐이지요. 그렇게 매일매일 행복한 시간을 보내고 있습니다. 물론 병든 저를 간호하는 아내와 아이들이 고생하는 건 마음이 아파요. 제가 어떻게 보상해 줄 수 없으면 하나님께서 해주시겠죠.

Q • 루게릭병? 김명민 하지원 씨가 나온 영화 〈내 사랑 내 곁에〉가 떠오르고, 스티븐 호킹이란 과학자도 떠오릅니다. 아 〈모리와 함께한 화요일〉이란 책도 있군요. 뭐 그 정도입니다. 인터넷을 찾아보면 세계적으로 10만 명, 국내에도 1,500명 정도 루게릭병 환자가 있다고 하더군요. 루게릭병 환자로 어떤 생각을 하세요?

A • 희귀성 불치병이라고 주눅 들 필요가 없습니다. 어떻게 보면 언제 죽을지도 모르고 엄벙덤벙 사는 것보다 자신의 죽음을 미리 알고 삶을 정리하며 죽음을 준비하는 것도 남들이 누리지 못하는 큰 복이라고 생각합니다. 조금 길고 짧게 사는 것의 차이이지 우리 모두는 어차피 나그네 인생이며 시한부 인생이기도 합니다. 저는 오히려 건강할 때 느끼지 못한 많은 감사할 거리를 질병을 통해 더 많이 누리고 있습니다. 오

래 사느냐가 중요한 게 아니라 어떻게 사느냐가 중요합니다. 하루하루 최선을 다해 후회하지 않는 삶을 살아야 합니다. 그러기 위해서는 자신보다 타인을 위해 보람 있게 살고 늘 오늘이 마지막인 것처럼 열심히 살면 됩니다.

Q • 스스로 이런 병에 걸릴 것이라고는 상상도 못하셨을 텐데요. 루게릭병이라는 병명이 확인되기 전에 어떤 증상들이 있었나요? (보통 루게릭병에 걸리면 코가 막히고 목 안이 답답하면서 숨 쉬기가 힘들어지고, 술 마신 것처럼 발음이 부정확해질 뿐 아니라 서 있는 것도 힘들어지고 팔을 올릴 수도 없을 지경이 된다고 들었습니다만.)

A • 한 번도 상상해 본 적이 없습니다. 손이 약간 마른다는 생각, 다리가 약간 힘이 없는 정도였지요. 그러나 현재는 의사 선생님 말씀대로 빨리 진행되고 있어서 손가락이 모두 마비가 되어 젓가락질, 단추 잠그는 일, 머리 빗는 일, 세수, 머리 감는 일, 양치질, 바지 지퍼 내리고 올리는 일, 글 쓰는 일, 누웠다 일어나는 일, 앉았다 일어나는 일, 차를 타고 내리거나 계단을 오르내리는 일을 잘하지 못하고 잘 때 호흡이 곤란하며 대화할 때 혀가 굳어 발음이 부정확하고 목소리에 힘이 없어 거의 모든 일에 아내의 도움을 받고 있습니다.

Q • 장애인 선교에 대한 비전이 생겼다고하셨는데, 그 부분과 관련해서, 장애인 사역에 대해 지금 진행되고 있거나 앞으로 생각하고 계신 부분이 있는지 들려주세요.

A • 장애인을 많이 이해하게 되었고, 여건이 허락되면 아내가 사회복지를 공부했는데, 간호사 출신의 오랜 경험을 이용해 루게릭 전문 요양소를 운영해 보고 싶습니다. 그런데 이번에는 아들 동엽이까지 사회복지를 공부하게 되었으니 여기에도 하나님의 뜻이 있겠지요.

Q • 루게릭병은 본인만큼이나 가족들이 힘든 병으로 알려져 있습니다. 최미희 사모님께도 몇 가지 질문을 드리고 싶습니다. 우선 지금 김 목사님의 상태를 알고 싶습니다. 그걸 지켜보는 사모님의 심정을 알려 주세요. 외출은 하세요? 사모님이 거의 하루 종일 붙어 있어야 하나요? 떨어져 있어도 되나요? 간병인이 필요하지는 않나요? 목사님이 음식은 어떻게 드시죠? 모든 걸 갈아 드셔야 하지는 않나요? 현재 어떤 치료를 받고 계시죠?

A • 어깨 근육이 많이 굳어져 힘을 쓸 수 없고 손가락 근육이 굳어져 손가락으로 세밀하게 해야 할 부분을 못합니다. 목 근육이 굳어지는 증세가 있고 발음이 점점 어눌해지고 있습니다. 그래서 제가 거의 곁을 지켜야 하고 한두 시간 정도는 외출이 가능합니다. 간병인은 아직 필요하지 않고, 병원에서 2급 장애인 진단이 나왔습니다. 음식은 씹어 드실 수 있습니다. 집에서 물리치료를 하고 있으며 한양대병원에서 한 달에 한 번 주사를 맞고, 한국 컴패션을 통해 주시는 의약품을 복용하고 있습니다. 그 외의 모든 약물은 끊었습니다. 대신 하나님의 치유하심을 기대합니다.

Q • 살면서 가장 기억에 남는 좋은 추억이 있으시다면?

A • 아내와 아이들은 힘들었겠지만 IMF 이후 빈손으로 강원도로 낙향하여 민가도 전혀 없고 전기도 없는 외딴 산속에서 생활했던 그 시절이 좋은 기억으로 남아 있습니다. 그때 남이 땔감으로 사용하려던 나무 기둥을 얻어 진흙으로 토담집을 짓고 아궁이에 불을 지폈습니다. 버스카페를 하면서 틈나는 대로 가축을 키우고 농사를 지으며 살았지요. 제 인생에서 가장 가난했지만 어떤 권력가도, 재벌도 부럽지 않은 삶을 살았습니다. 그리고 최근에는 샬롬교회를 방문한 컴패션 단원들과 예배를 드린 것이 참 행복했습니다.

Q • 교회를 개척하면서 꾸었던 꿈을 말씀해 주세요.

A • 전원교회를 만들어 도시에서 지쳐 있는 영혼에게 하루라도 쉼을 주고 싶었습니다. 고아, 독거노인, 노숙자, 알코올중독자, 청소년 가장 등 사회에서 소외된 사람들을 도와주고, 조상이 물려준 땅에다 공동체를 만들어 집이 없거나 땅이 없는 분들이 천국 가는 날까지 더불어 살아가도록 해 드리고 싶었습니다.

Q • 사모님은 혹시 힘들 때 목사님에 대한 원망은 없었나요?
A • 물론 있지요. 그런데 금방 잊어버리는 은혜를 제게 주셨습니다.

Q • 사모님, 목사님이 아버지학교를 졸업하며 보낸 편지를 읽었습니다. 거기에는 결혼 20주년 때 제주도 여행을 가기로 한 약속도 있던데요. 남편의 편지에 대한 답으로 목사님께 하고 싶은 말씀이나, 목사님 병이 다 나으면 함께 하고 싶은 일, 소원 같은 것을 말씀해 주세요.

A • 사실 제주도는 그리 좋아하지 않아요. 환상이 깨질까 봐서요. 남편이 나으면 함께 선교여행을 가고 싶어요. 저희를 가장 필요로 하는 곳에 가서 한 달씩만 봉사할 수 있다면 좋겠어요.

Q • 사모님 보시기에 목사님은 어떤 사람이에요?

A • 전도에만 미친 사람 같아요. 아무튼 무슨 일이든 최선을 다하는 모습이 아름답고 또 존경스러워요.

Q • 목사님 생신 때 다시 태어나도 또 결혼하고 싶다는 편지를 썼다는데요? 행복했던 시간들을 떠올려 보신다면요?

A • 개척하면서 우리는 함께 많은 은혜를 누렸어요. 한 영혼이 주님 앞에 바로 서 가는 모습을 보며 어린아이가 이제 처음 말문을 열어 "엄마"라고 했을 때의 기쁨을 누렸고, 또 자기 스스로 첫걸음을 떼는 아이를 보는 기쁨도 누렸어요. 전도사님은 그동안 참 많이 애쓰고 수고했어요. 저와 아이들에게 큰 소리로 야단도 치고 아이들이 잘못하면 매도 들었는데, 그때는 그런 모습이 참 싫었어요. 그런데 지금은 오히려 그때가 그리울 뿐이에요.

Q • 목사님, 힘들게 사역하고 있는 개척교회 목회자들과 난치병 환자들에게 하고 싶은 이야기가 있으시겠지요?

A • 사실 개척교회는 힘들지만 힘든 만큼 보람도 큽니다. 성도의 수만 바라보지 말고, 건물 외형도 바라보지 말고, 오직 하나님의 상급만 바라보며 묵묵히 전진하시면 반드시 열매가 있습니다. 루게릭 환우님들은 불치병에 걸렸다 해도 생명의 주권은 하나님께 있으니 절망 가운데 있더라도 소망을 가지고 절대로 스스로 포기하지 맙시다. 사명이 있는 한 생명이 끝나지 않습니다. 내가 가지고 있는 작은 능력으로 하나님을 기쁘시게 하는 자리에 섭시다.

Q • 해외의 어린이들을 후원하는 분으로서 하시고 싶은 말씀이 있으실 텐데요?

A • 한국 컴패션이 후원하는 어린이가 10만 명을 돌파했습니다. 이 일을 위해 교회와 국민들이 적극 나서 주시기를 기도합니다. 사실 담배만 끊어도 두 명을 후원할 수 있고, 술을 끊으면 다섯에서 열 명까지도 후원할 수 있습니다. 저는 우리가 후원하는 어린이들이 하나님의 말씀 안에서 잘 양육되어 각 나라의 리더가 되고 하나님의 큰 일꾼들이 되어 만났으면 좋겠다고 늘 기도합니다.

Q • 목사님이 사모님께 하고 싶은 말씀은요? 또 아이들에게 꼭 해 주고 싶은 말은요?

A • 너무도 부족한 남편을 만나 몸과 마음이 고생한 것을 무엇으로 갚을 수 있겠습니까. 공인이다 보니 자신보다 남을 먼저 생각해야 하고 내 가족보다 성도님의 가족과 이웃을 먼저 배려해야 했지요. 어쨌든 목회를 핑계로 아내와 자녀들에게 희생과 헌신을 강요하고 가정에 불충실했던 남편과 아빠를 용서해 달라고 말하고 싶습니다. 앞으로 주님께서 건강을 회복시켜 주시면 가족끼리 여행도 하고 영화도 보고 외식도 하고 싶습니다. 그동안 앞만 보고 달려왔지만 이제부터라도 여유를 가지고 주변도 돌아보면서 즐겁고 행복하게 살고 싶습니다.

고은이와 동엽이에게 아빠가 하고 싶은 말은 우리 가족의 가훈처럼 자신보다 남을 이롭게 하는 삶을 살아 달라는 것이지요. 그리고 모든 일에 죽든지 살든지 하나님의 영광을 위해 살기를 바라면서 우리 끝까지 승리하자고 말하고 싶습니다.

Q • 목사님은 개인적으로 어떤 목사, 어떤 아버지, 어떤 남편이 되고 싶은지요? 그리고 어떤 교회를 만들고 싶은지요?

A • 하나님과 가장 친한 목사, 불신자들의 친구 같은 목사가 되고 싶어요. 자상하고 친구 같은 아빠, 부드럽고 존경과 사랑을 받는 남편이 되고 싶습니다. 각종 유실수와 화초 그리고 동식물이 함께하는 에덴동산 같은 아름다운 전원교회를 건축하고 싶어요.

Q • 뻔한 질문이 될 수 있지만 나중에 하나님 앞에 섰을 때 무슨 말이 하고 싶은지도 얘기해 주세요?

A • 너무도 부족한 종을 연단시켜 주셔서 정금같이 사용해 주시니 감사합니다. 편안한 삶은 살지 못했지만 매우 가치 있는 삶을 살았습니다. 이렇게 고백하고 싶습니다.

Q • 치료를 위해 소요되는 비용은 얼마인가요? 어떻게 해결하시나요? 이런저런 보조도구도 필요할 것 같은데, 어떤 것들이 필요하신가요? 설교 준비나 원고작성을 위한 도구가 따로 필요하지는 않나요?

A • 치료비용은 매달 80만 원 정도 약값이 들어가는데 하나님이 그때마다 해결해 주십니다. 휠체어는 얼마 전 사단법인 '나눔과기쁨'에서 무료로 지원 받았으며 보조도구는 병의 진행 상태에 따라 차츰 필요해질 것 같습니다. 설교준비는 워드 작성 시 평소 몇 배로 시간이 필요합니다.

Q • 생활비는 어떻게 되죠? 가정 경제는 어떻게 해결하시나요?

A • 아내가 직장생활을 하던 때보다 주님이 주시는 은혜로 부족함 없이 지내고 있습니다. 의류나 신발은 비싸서 사모카페나 벼룩시장에서 거의 구하여 입고, 쌀은 아내가 전에 근무하던 병원 원장님이 지속적으로 후원해 주고 있습니다. 마음을 비우고 사니 있으면 먹고 없으면 굶고 남과 비교하지 않고 작은 것에 감사하며 사니까 이 땅의 삶도 날마다 천국입니다. 지금까지 우리 가족은 있는 만큼 먹고 입고 살아가는 데 익숙합니다.

Q • 루게릭병은 불치병으로 알려져 있는데 기적을 바랍니까?

A • 하나님의 기적은 구약시대에나 신약시대에나 지금도 계속 이어지고 있습니다. 저는 예수 믿기 전 무신론자였는데 수많은 기적 같은 일을 직접 체험하면서, 처음에는 의심을 하다가 나중에는 하나님이 살아계셔서 역사하신다는 확신을 가지게 되었습니다. 병이 나아도 하나님의 영광이고 낫지 않아도 기쁘고 즐겁게 천국에 입성하겠지요. 하나님이 또 한 번의 기적을 베풀어 주셔서 병이 낫게 되면 더 많은 영혼들을 하나님께 인도할 것이며 온 땅을 다니면서 하나님이 살아 계심을 간증하고 싶습니다.

Q • 유산으로 받은 땅을 성도들을 위해 분배하신다는 이야기를 들었어요. 무슨 말씀이죠?

A • 모든 것이 내 것이 아니고 하나님의 것이라는 사실을 깨닫고 신학교에 3,000평을 기증했고, 할아버지께서 물려주신 강원도 땅을 해마다 20평씩 떼어 전도자에게 부상으로 드립니다. 전도 왕에겐 10평, 우수자에게는 7평, 장려상에는 3평씩 3등분해서 나누는데, 임종할 때까지 평생 그곳에서 살 수 있고 자녀들도 이용할 수 있습니다. 단 투기를 방지하기 위해 사고 팔 수는 없으며 후손 대대로 성도들이 공동체를 이루며 잘 사용하다가 하나님의 것을 하나님께 돌려 드리고 가는 것입니다. 여건이 된다면 교회에서 집을 그 땅에 지어 처음 이곳에서 애쓰신 분들과 함께 살고 싶습니다.

Q • 작년 어느 잡지와의 인터뷰에서 "어쩌면 이 인터뷰가 나의 마지막 인터뷰일지도 모른다."고 말씀하셨습니다.

A • 아직도 살아 있음이 얼마나 감사한지요. 비록 루게릭이란 불치병으로 내 영역이 점점 좁아지지만 인생은 어차피 주님 앞으로 갑니다. 이 시간 제가 잘나서 이렇게 인터뷰를 한 것이라 생각하지 않습니다. 빠르게 진행되는 질병 앞에서도 감사가 넘치며 행복한 목회를 한다는 것을 알려 드리고 싶습니다.

저는 지금이 참 소중한 시간이라고 생각하기에 소홀히 보낼 수가 없습니다. 혹시 지금 현재 힘든 생각으로 아픈 시간을 보내는 분이 계시다면 저를 보고 힘을 얻으셨으면 합니다. 저는 제 손으로 할 수 있는 영역이 점점 줄어들어 화장실 뒤처리도 아내에게 맡깁니다. 가장 드러내고 싶지 않은 부분이지만 기꺼이 기쁘게 응해 주는 아내로 인해 참 행복합니다. 이처럼 행복은 멀리 있는 것이 아닙니다.

지금, 행복합니다

초판3쇄 인쇄_2013년 4월 25일
초판4쇄 발행_2016년 8월 15일

지은이_김정하 최미희
펴낸이_윤순식

기획구성_박명철
책임편집_옥명호
본문교열_김명화
디자인_박지영
마케팅_백건택

펴낸곳_도서출판 청우
등록_제8-63호
주소_경기도 고양시 일산구 장항동 573-28
전화_031-906-0011 팩스_0505-365-0011
이메일_cwpub@hanmail.net
주문처_열린유통(031-906-0011)

ⓒ김정하 최미희, 2012

ISBN 978-89-94846-07-1 03230
값 11,000원

*이 책은 저작권법에 의해 보호를 받는 저작물이므로 무단 전재 및 복제를 금합니다.
*잘못 만들어진 책은 구입하신 서점에서 바꾸어 드립니다.